Collins

Coffee Break

Book
2

Su Doku

200 challenging Su Doku puzzles

Published by Collins
An imprint of HarperCollins Publishers

HarperCollins Publishers
Westerhill Road
Bishopbriggs
Glasgow G64 2QT
www.harpercollins.co.uk

10 9 8 7 6 5 4 3 2 1

© HarperCollins Publishers 2019

All puzzles supplied by Clarity Media

ISBN 978-0-00-832394-3

Printed and bound by CPI Group (UK) Ltd, Croydon CR0 4YY

If you would like to comment on any aspect of this book, please contact us at the given address or online.
E-mail: puzzles@harpercollins.co.uk

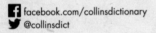

facebook.com/collinsdictionary
@collinsdict

SU DOKU PUZZLES

PUZZLE 1

EASY

	3	5		9	8	6		
9				7				5
6		7			1		9	
		9		1	6	7		3
1		3	5	8		9		
	5		1			4		9
3				4				1
		1	8	3		5	7	

PUZZLE 2

EASY

	5							8
		9	1					
2	6		9		8	4		5
	2	6	4					9
9	7		5		2		4	6
4					6	2	8	
6		3	8		9		2	4
					1	8		
5							6	

PUZZLE 3

EASY

3		5	4	9		8		
2								
9				3	5			
1		9		4	6		8	5
	5		8		1		9	
7	2		9	5		4		1
			5	1				2
								8
		1		8	4	9		3

PUZZLE 4

EASY

7	1			9		2	3	
								8
	2	9		6	3	7		
6	8	2	9				7	
5								9
	7				8	3	6	2
		8	3	2		6	9	
2								
	9	7		8			2	1

PUZZLE 5

EASY

	4	8	1		2		6	5
9			6		7	1		
1					4			3
		5					9	6
			3		5			
6	8					5		
8			5					9
		9	7		3			8
3	6		2		8	4	5	

PUZZLE 6

EASY

	8	9		1				5
	3		7					
7		6		5	9	3	8	
6		2			4			
	5	3				9	4	
			1			2		3
	4	7	9	8		5		2
					1		9	
9				7		4	3	

PUZZLE 7

EASY

			6					
	1		7	8	4	2	9	
5				3	2			
	9	2	8	4			3	
		4	3		9	1		
	5			6	7	9	4	
			4	2				1
	8	5	1	9	6		2	
				8				

PUZZLE 8

EASY

2								
8	5		1	3	7	4		
		7		2	4		8	
9		1		6	8			
	4		3		2		9	
			9	7		1		4
	1		7	9		5		
		3	8	4	1		7	9
								1

PUZZLE 9

EASY

				4	6		2	
8		1				6		4
	2	6			1			
2			9		4	7		
5	6		1		7		3	9
		7	5		8			2
			4			2	6	
1		9				4		3
	4		7	8				

PUZZLE 10

EASY

4	5				1	7		
3			5		2		4	
1		9	3		4		8	
			1			9		
9				4				6
		7			3			
	4		8		9	6		7
	6		4		7			1
		1	6				3	4

PUZZLE 11

EASY

						9		8
	8	5	7			1		4
		1		4		7	2	
1		9	2		7	5		
				1				
		2	8		6	4		1
	1	4		8		6		
9		6			5	8	1	
5		8						

PUZZLE 12

EASY

8	4				5			
		2	9	4				5
1	9	5			8	4	6	
	3	1					4	
				8				
	8					3	7	
	5	4	8			1	3	7
2				3	6	5		
			4				8	2

PUZZLE 13

EASY

	4	9					2	6
						1		
5	3	6			8	9		
	1					5		2
6	9	8		2		3	7	1
2		7					6	
		4	5			7	8	9
		5						
9	8					6	3	

PUZZLE 14

EASY

					8			6
		5		7		1		9
9			6				5	8
4			1	2		9		
	3	6		4		5	1	
		9		6	3			4
5	8				6			1
6		1		8		2		
3			4					

PUZZLE 15

EASY

	4		6			9		
	1	7			2	3		8
				1		4	7	2
4		1	7					
			4	2	8			
					5	7		4
5	9	8		7				
2		4	3			5	1	
		3			4		8	

PUZZLE 16

EASY

	1	3	2		4	7		8
			7	5		9		4
					9	2		
4					2			
6		1		7		8		9
			6					1
		5	9					
1		4		2	7			
2		6	5		1	4	7	

PUZZLE 17

EASY

7	8		6		4		2	9
		6	2	3		4		5
4								
				8				
	7	8	4	2	1	9	3	
		3						
								7
8		7		4	6	2		
6	4		7		3		9	8

PUZZLE 18

EASY

2	6				8	9		4
8		1		2				
	3		6			7		8
		6	1	2			8	
				6				
	2			8	3	6		
9		7			1		6	
			2			8		5
5		2	3				4	7

PUZZLE 19

EASY

7				4	9			6
	4	8	3	6				2
6		2			8			3
4			8					
		7		2		3		
					7			4
3			1			6		9
9				8	2	5	3	
8			9	5				1

PUZZLE 20

EASY

5					6			
1							4	
	2	3		4			7	1
3		1			2	9	5	
4	9			3			6	7
	5	2	9			1		3
2	4			9		7	1	
	3							8
			6					2

PUZZLE 21

EASY

8			4	1		5			
	1	7	3	4				5
	3		6		9		1	
	4							
1	6						5	2
							9	
	7		8		4		2	
4				5	1	8	3	
			9		3	1		7

PUZZLE 22

EASY

					3			
3			1			9	6	8
	6	8	9			3		7
4		9	2	1				
	8						4	
				5	4	1		9
8		7			1	6	3	
9	4	2			6			5
			5					

PUZZLE 23

EASY

8	3	5	9				2	4
7			8	3		1		
	1	8	5			9	3	
		9				4		
	7	4			9	2	5	
		3		1	8			7
6	5				3	8	1	9

PUZZLE 24

EASY

1					6		3	
				9	4			7
		3	4					5
6		9				7	2	
8	1		9		2		5	4
	5	2				3		9
3				2	5			
9		5	6					
	8		4					6

PUZZLE 25

EASY

2		8				1	6	
	9			6				
	1	7	8	2		4		
	6	9		4			1	
			2		6			
	4			9		6	8	
		6		3	7	8	2	
				8			4	
	7	1				3		6

PUZZLE 26

EASY

						8	5	
	2		5		1		6	3
	5			9				
2	9				7		4	
5		4	1		9	7		2
	7		4				9	1
				3			7	
9	1		7		6		2	
	3	2						

PUZZLE 27

EASY

			5	1				
	7	1			8			6
	2	5	6		7		4	
9	1		8					2
		4			6			
2				4			1	8
	5		7		9	2	6	
7			2			1	3	
				4	1			

PUZZLE 28

EASY

7		9		8		5		
2		6	5					3
	3				7			
		1		7	5			8
5	2						9	7
8			1	2		4		
			9				5	
4					6	9		1
		8		5		3		4

PUZZLE 29

EASY

	8	6		2				
	4	3				7	1	5
9	7			4				
				1	9		2	
8			4		2			7
	6		8	7				
				3			9	1
3	1	4				5	7	
				6		4	3	

PUZZLE 30

EASY

				4		1		
		3	1			7	8	
6		7		5			4	2
8				1		2		
1			9		2			4
		2		3				9
3	6			9		4		8
	5	8			4	9		
		9		8				

PUZZLE 31

EASY

4					7	9	2	
						3		
5	6						1	7
	8	3	5	4	6			
		5	8		2	7		
			1	7	3	5	8	
8	7						3	9
		4						
	2	6	7					8

PUZZLE 32

EASY

5		7			1	9		
			3	6		5		8
			4	5			1	
	2		6			3		9
8								4
4		3			2		8	
	8			3	6			
3		4		7	5			
		9	1			8		6

PUZZLE 33

EASY

				9		1		7
			3			9		2
		9	8	2		3	4	
	6		1		9			
	3	1				2	9	
			6		2		1	
	4	3		5	6	8		
9		2			3			
5		6		8				

PUZZLE 34

EASY

	7		5		4	2		3
5	1		3					8
				9	1			
				4			2	5
7			2		5			1
1	2			7				
			4	3				
6					2		8	7
4		7	6		8		3	

PUZZLE 35

EASY

7		4	3	2				
2				6		3		
6		3		1		4	8	
3	5							
	2		7		9		6	
							3	8
	4	6		7		5		3
		2		4				7
				9	3	8		6

PUZZLE 36

EASY

6			2			3	5	7
8	2			5				
7		3	6					
5				6	8	9		
	6						7	
		9	1	4				5
					6	7		9
				7			2	1
2	8	7			9			6

PUZZLE 37

EASY

2	5			9		7		
		9			3			
3					8			5
4	8	3			2		9	1
9								4
5	1		9			2	7	8
7			3					9
			8			3		
		1		5			6	7

PUZZLE 38

EASY

	2		7	4			1	
3	7							
4		1		2				
1		5		3	2			6
6			5		1			4
2			6	9		1		5
				7		9		3
							6	8
	4			6	3		2	

PUZZLE 39

EASY

			3			8		2
	7						5	
8	2	6		7				3
			4		3		8	9
		5	6		1	7		
3	8		5		7			
1				5		3	2	8
	6						9	
5		2			9			

PUZZLE 40

EASY

7	6			5			3	9
							8	
8		9		3		1		
	2	4	9					1
		6	1		3	8		
1				4	9	5		
		7		2		3		5
	3							
6	8			4			9	7

PUZZLE 41

EASY

3	8			2		4		
	7		3	9	1	8		
	2				7			
			1			2	9	
2		9				5		6
	1	5			9			
		2					3	
		3	2	8	4		7	
	4		5			6	2	

PUZZLE 42

EASY

1	7				9		3	6
	6				5		9	
		2						1
			5	8				4
4	8		3		1		5	7
5				7	2			
2						1		
	5		2				7	
7	3		9				2	5

PUZZLE 43

EASY

		4		8	6		2	
2		5			1			
			4	2	7			5
4	2						5	
5			8		4			3
	8						9	4
7			9	3	2			
			6			3		9
	5		7	4		6		

PUZZLE 44

EASY

1	8			9				
4		3	1	5				6
	5	2						
		4			5			7
5	1	7				3	9	8
3			7			2		
						1	6	
7				2	1	4		9
				4			7	2

PUZZLE 45

EASY

		6		4	1		5	7
			3					
		4			6			1
	5	3		2		8		9
	2		1		9		3	
4		9		3		7	2	
2			9			4		
					2			
3	6		4	1		9		

PUZZLE 46

EASY

	3					6	4	5
6		1			4			
	9			6	3	8		
		7		5				
1	6	9				3	5	7
				9		1		
		2	6	1			3	
		8				7		9
9	8	6					1	

PUZZLE 47

EASY

4	8	5					6	
9	6	1			8	2	5	
						8		
			7	2	1			
6			3		4			2
			9	5	6			
		4						
	3	6	5			1	4	8
	9					5	2	6

PUZZLE 48

EASY

				1				5
1			6		8			3
	9		5			1	6	
6		1	4	3		5		
	5						1	
		2		5	7	6		9
	2	9			1		7	
4			9		5			6
8				7				

PUZZLE 49

EASY

	6	7	1	5			3	
					9			
9	3	4				6	1	
			6			3		1
	9	6				4	5	
3		2			7			
	7	3				8	9	6
			9					
	8			3	6	1	4	

PUZZLE 50

EASY

7				3	6			
2	1		4	7			8	
		6	8				7	
	3	1		8	7	5		
		7	5	1		6	9	
	9				2	8		
	7			9	8		6	3
			3	6				7

PUZZLE 51

EASY

	1		8		9			
		5	6	4	2			
6		2		5				
2	4	8						9
7		9				4		6
5						8	2	7
				8		2		3
			9	2	3	6		
			1		5		8	

PUZZLE 52

EASY

7					1			5
		6					7	4
5	2		7			1	3	
2				8	5		4	
4								9
	6		4	7				3
	4	2			8		1	7
6	1					3		
3			9					2

PUZZLE 53

EASY

	6		1		2			
	9					3	6	1
		7		3				
8	3					1		
4	2	5	8		3	6	7	9
		1					3	8
				6		8		
3	5	9					4	
			5		4		9	

PUZZLE 54

EASY

3							7	9
		7		5	8		2	
8	6			7	9		3	1
				2	1			6
5			9	8				
7	5		8	9			6	3
	2		5	6		1		
6	3							5

PUZZLE 55

EASY

			7	5	1		2	
			9			8	7	
				3	6	9		
			4	9	2	1	6	
1								4
	4	3	1	6	5			
		1	5	7				
	9	7			3			
	5		2	1	9			

PUZZLE 56

EASY

			9	4	5			6
9				1				
	4	1						
	9		4	7		5		1
	1	4	6		2	8	7	
6		5		8	9		2	
						1	5	
				6				7
4			5	3	1			

PUZZLE 57

EASY

	1	2	8	9				
	5		4		1		9	2
		4				3		
6	7	9			4			
		3				9		
			9			6	5	7
		7				5		
2	6		7		8		3	
				2	5	4	7	

PUZZLE 58

EASY

5		6						3
	7		3					1
	3		5		8	7	4	
			7		5	6		
		9	6		3	8		
		5	1		9			
	2	3	8		4		5	
4					1		3	
1						4		8

PUZZLE 59

EASY

				9	1			8
1	4				7	5	6	
		9					1	
				4	8		5	
	6	1	9		2	8	4	
	3		1	5				
	8					7		
	1	5	7				9	4
7			2	1				

PUZZLE 60

EASY

	5						4	
3	1			9				
	9		4	2			1	3
			2		5		3	4
		2	3		9	8		
4	3		6		8			
9	2			3	4		6	
				5			2	8
	4						5	

PUZZLE 61

EASY

1		3	4	9				
	7	2				4	9	
		8	5				7	1
7				4				
	8		7		5		4	
				2				7
9	1				3	8		
	3	7				1	6	
				1	8	7		3

PUZZLE 62

EASY

		6			9		8	
7		5	8	2			3	
	3	8		7	6			
3			4					
	8	2				3	4	
					3			1
			3	9		4	7	
	4			5	8	2		3
	5		7			6		

PUZZLE 63

EASY

3	4	1	6	8			9	5
9								
	8		1	4	9			
				2	4			
		2	9		7	3		
			5	1				
			2	9	1		3	
								8
7	1			3	6	2	5	9

PUZZLE 64

EASY

8	4	5		3		1	2
					6	3	
3						7	8
			1	6		5	
6		4		5		8	
1		3	9				
1	9					6	
	4	3					
6	2		1		9	3	4	

PUZZLE 65

EASY

6	8	1			2	3		
			8		6	1		
		9	1	7		6		
								4
1		7	6		5	8		2
2								
		3		6	9	2		
		2	5		1			
		8	3			5	6	1

PUZZLE 66

EASY

6		5				4	7	
7	2			4			6	
				9	7	2		
			8	6	9	5	3	
	5	7	3	1	2			
		2	9	8				
	8			3			5	2
	4	3				8		6

PUZZLE 67

EASY

	8			5				3
6			9			8		
		4		6		9	7	5
				9	5		2	
	4	6				3	8	
	3		6	4				
2	9	7		8		5		
		3			9			8
8				1			9	

PUZZLE 68

EASY

			7		1		9	
7				6				3
		2	9			7		8
9		6					3	
3	7		1		2		8	6
	8					5		7
2		9			6	8		
6				7				9
	3		4		9			

PUZZLE 69

MEDIUM

		5			4	7	6	9
6		9						5
	8						1	
			9				2	
		7	3		6	9		
	1			5				
	7						9	
5						4		2
4	6	3	2			1		

PUZZLE 70

MEDIUM

				8	7			
	2	8		6		5		
			1			3	2	
9			7			6		
3	6						9	5
		1			9			4
	8	4			6			
		9		7		4	5	
			5	1				

PUZZLE 71

MEDIUM

1	9							5
	6			4			1	
		5						8
		8		5	9			
		7	3		4	6		
			6	1		8		
5						4		
	8			9			3	
7							2	1

PUZZLE 72

MEDIUM

9		7	2			3		6
		8	3	4		2		
							5	
		5						3
	9		6		5		2	
4						1		
	6							
		9		6	8	7		
7		1			2	6		8

PUZZLE 73

MEDIUM

5		7						
2			5					4
		8		1				3
	2			8				
3			1	9	6			8
				5			6	
4				2		7		
9					3			6
						4		9

PUZZLE 74

MEDIUM

3		2	1			8		
			4	9				
1	5	9			8			
			6		9		7	
				3				
	8		7		1			
			8			1	3	5
				1	3			
		3			5	4		9

PUZZLE 75

MEDIUM

9						5	3	
			4	3		7	2	
			2	5			1	
3	9						6	
		8				3		
	6						7	8
	3			9	8			
	7	4		6	2			
	2	9						7

PUZZLE 76

MEDIUM

2				8		7		
	5	6					3	2
		1	4					
			9				7	3
		3				5		
1	7				8			
					4	1		
5	1					6	2	
		2		6				9

PUZZLE 77

MEDIUM

3					9	2	7	
		5	2		4			
			3				4	
9				4	1		8	
		1				7		
	4		5	3				1
	3				5			
			7		8	3		
	1	7	4					8

PUZZLE 78

MEDIUM

		6		7	5			
1			9		3			
				1			5	9
8	7				9	6		
5								2
		3	8				9	7
9	8			4				
			6		1			3
			7	9		2		

PUZZLE 79

MEDIUM

		7					6	
6	8		7			3		5
				4		7		
	6			8		5		4
	1						7	
5		8		7			1	
		4		1				
8		1			5		9	7
	5					2		

PUZZLE 80

MEDIUM

			9					
4			2			8		
					1	3	4	6
	2		4				5	9
		9				1		
5	1				9		3	
7	6	4	1					
		5			8			3
					7			

PUZZLE 81

MEDIUM

6	7				4	9		
		4						
3			1	2				
					5	1		
	3		2		9		7	
		8	7					
				4	1			3
						4		
		2	6				8	9

PUZZLE 82

MEDIUM

	1	5	4			9		
					6		1	
3			2	1		4		
6	8	7	5					
					2	7	8	9
		8		3	9			5
	3		6					
		9			5	2	3	

PUZZLE 83

MEDIUM

		4	9			6	7	3
					2			
			6		5			
8					6			
2			1		5			4
			2					1
		7		3				
			4					
9	1	8			7	3		

PUZZLE 84

MEDIUM

	6			3		8	7	
					6		5	1
5			9					6
3	1		6					
	5						9	
					9		1	4
6					8			5
8	2		1					
	3	5		9			6	

PUZZLE 85

MEDIUM

3		7				5	4	
							8	
				8	3			9
9	6		3	5				
		4		6		8		
				4	7		2	6
4			9	3				
	1							
	9	6				7		5

PUZZLE 86

MEDIUM

		1			9			
	2		7		3			1
	9			2				
				6				5
7			5		8			9
1				7				
			8				3	
4		7			5		6	
		2				7		

PUZZLE 87

MEDIUM

					8		2	
		8	6	5		3		
			4					6
	2	1						5
5	4			3			1	8
3						2	6	
9					6			
		2		1	9	6		
	5		7					

PUZZLE 88

MEDIUM

6	7	8					1	
5		3	8	1				9
9			7	2				4
		6				9		
7				6	3			5
4				3	1	2		7
	3					4	9	1

PUZZLE 89

MEDIUM

			2	6				8
5	8					7	9	
			9				1	
	6		5		9	3		
3								1
		7	8		1		5	
	4				2			
	9	1					6	5
2				9	6			

PUZZLE 90

MEDIUM

6			9	8			1	7
		7						6
		2				3		
		3		6	4			
	7		1		3		8	
			7	9		1		
		4				7		
7						5		
8	5			4	7			1

PUZZLE 91

MEDIUM

			7			4	1	
	9			5			6	
2			4			9	7	
		8			3			
			8	7	1			
			2			8		
	4	1			2			6
	3			9			2	
	2	9			7			

PUZZLE 92

MEDIUM

	2	8				1		
5			4	8				
7				2		5		
		2	9				3	
8								1
	5				2	4		
		9		3				5
				9	6			7
		1				9	4	

PUZZLE 93

MEDIUM

	9		6		7		2	
		5	3					
		6	5	2		1		
			8			6		3
	7						1	
4		8			3			
		1		3	9	7		
					5	2		
	2		1		8		5	

PUZZLE 94

MEDIUM

			6					9
6		3				4		5
					5		2	3
				2	3			
7		1	5		9	3		8
			7	8				
5	1		9					
3		6				5		7
4					8			

PUZZLE 95

MEDIUM

5								
		7	8			5	2	
	2			6				
1		8		3	2		5	4
		4				2		
2	7			4	5		1		6
				4			3	
	3	2			7	8		
								5

PUZZLE 96

MEDIUM

		3	9					
					3		9	6
		7		8		2		
		5	3		4			2
3								7
6			7		5	8		
		9		7		1		
7	4		5					
					9	6		

PUZZLE 97

MEDIUM

		1	9					3
	4				3			8
3	8		2					
4			7	8				
		5				7		
			3	6				4
				9			1	6
1			8				2	
8					7	9		

PUZZLE 98

MEDIUM

				1	2			5
	8	5	7					
		6						9
		3		6				2
		2				9		
9			4			7		
3						1		
					8	2	9	
2			3	7				

PUZZLE 99

MEDIUM

1		4						
	9						2	8
	8		5		9			7
	6		9	1	8			
				6				
			4	3	5		8	
6			8		1		7	
5	7						3	
						9		1

PUZZLE 100

MEDIUM

	5			3			1	
			4		9			
	8	2						7
1			2	4			3	
2				8				9
	3			6	1			5
8						6	5	
			1		4			
	1			5			2	

PUZZLE 101

MEDIUM

	2	7	8					
8	1				9	2		4
2				1		6		7
	7			4			1	
9		1		7				3
3		5	7				9	1
					4	8	3	

PUZZLE 102

MEDIUM

	4			6				3
		9	8				2	6
					1	4		
9				2				
		8	9		5	1		
				8				4
		7	3					
2	3				9	6		
1				5			3	

PUZZLE 103

MEDIUM

						4	3	
2	1				8			
5					9	8		6
9			5		7	6		
	5						9	
		1	4		3			8
4		2	9					1
			8				6	4
	3	5						

PUZZLE 104

MEDIUM

2	8						4	6
9		1			7			
7						2		
			1		4			8
		4	5		3	1		
5			7		9			
		9						7
			4			3		1
4	7						2	5

PUZZLE 105

MEDIUM

2		9						6
6					9			
		5	7	4				
	4					1		
7		6		2		9		8
		1					2	
			8	4	6			
		5						7
1						4		9

PUZZLE 106

MEDIUM

			6					5
		5	2	1		7		
8				3		4		
3		8						1
	4	7				5	9	
9						8		3
		9		5				4
		2		9	6	1		
1					3			

PUZZLE 107

MEDIUM

3								1
	8	4	1			5		
		2			7			
	6			1		7		9
	9						5	
8		7		9			6	
			5			9		
		6			3	2	8	
2								6

PUZZLE 108

MEDIUM

8			2				4	
4					1		2	9
				8		5		6
	8		6					
		7		3		1		
					2		8	
7		9		4				
6	1		5					7
	4				8			2

PUZZLE 109

MEDIUM

3	6			2				8
		2					6	
	9			4	3		5	
				6	1			7
		7				1		
1			9	7				
	8		4	5			1	
	4				7			
2				1			4	5

PUZZLE 110

MEDIUM

2								8
	3				1		9	4
				5	6		3	
	7					8		
4		6				1		5
		8					4	
	4		3	6				
6	9		2				8	
7								1

PUZZLE 111

MEDIUM

		5		8		6		
	6		2		3			
				1		9		2
	8					4		9
7	4						6	5
5		9					2	
8		4		3				
			6		4		9	
		3		7		5		

PUZZLE 112

MEDIUM

							4	2
		7	4		1	6		
				9				5
	8			1	6			
4		2	8		7	3		1
			2	3			8	
9				6				
		6	3		5	4		
5	2							

PUZZLE 113

MEDIUM

3				9		2	5	
			1					7
	8			4				1
	4	3		8	2	7		
		7	9	6		4	8	
6				7			4	
7					9			
	3	4		1				9

PUZZLE 114

MEDIUM

8		4	3			7		
9			2				8	
6				4	8			
	7					6	2	
	3	8					1	
			6	5				1
	8				3			6
		9			1	2		4

PUZZLE 115

MEDIUM

				6				9
8				9	2			3
	6		7			2		
1		5	9					6
		8				4		
2					5	9		1
		4			1		2	
7			6	8				4
6				4				

PUZZLE 116

MEDIUM

2	8		6				5	
		4			2			7
	1			4		8		
			4					
	3		7	5	1		4	
					3			
		9		6			8	
7			2			6		
	6				7		1	9

PUZZLE 117

MEDIUM

		1		8	3			2
	6				2		4	
5				9				
	7					8		
	1	8				5	7	
		4					6	
				3				7
	2		4				9	
7			2	1		6		

PUZZLE 118

MEDIUM

			9				1	
9		7						
6	2		4				8	3
4		3		6				
	6						5	
				1		6		4
1	7				4		3	6
						8		5
	4				3			

PUZZLE 119

MEDIUM

4			2			8		
		5	7					6
	1		8					
	8		9			1		
7		1				9		2
		6			7		4	
					8		9	
1					4	5		
		7			1			4

PUZZLE 120

MEDIUM

		3	9	6			5	
1	5	6			8			
	9					4		
		1						4
5			3		6			9
6						2		
		2					8	
			1			7	2	5
	1			7	9	6		

PUZZLE 121

MEDIUM

	8		6		9			
9				4		7		
5			1			3		9
	4						5	
1			7		6			3
	9						7	
2		8			1			7
		9		2				1
			3		7		8	

PUZZLE 122

MEDIUM

5						6		9
					1			5
		9	3	8		2		
6			1			5		
8				6				3
		5			9			8
		6		5	4	8		
2			9					
7		4						2

PUZZLE 123

MEDIUM

1			3				2	
		6	8					
		5	9			8		
5		7	2			6		1
	6						4	
4		9			1	2		7
		4			9	5		
					2	4		
	1				3			8

PUZZLE 124

MEDIUM

		2	4		9		6	
							7	
	6		3			1		2
							9	1
7	1	6				5	3	4
5	9							
8		1			6		4	
	3							
	4		7		3	8		

PUZZLE 125

MEDIUM

	3	6				2		4
		8						
9					2			5
			6	7			4	
	1		4		3		2	
	4			8	1			
1			3					9
						1		
3		4				6	5	

PUZZLE 126

MEDIUM

			4					5
2							7	1
			2	1	5	6		
	7		6			2	1	
				8				
	1	4			9		3	
		6	3	9	2			
1	3							6
9					6			

PUZZLE 127

MEDIUM

4		9						
2				9				3
	7	6		2				
		1			2		8	6
		4				7		
3	6		7			4		
				5		8	7	
6				8				4
						2		5

PUZZLE 128

MEDIUM

			7		5		1	4
							6	
			1	9	4		8	2
	1				8		3	
		5				1		
	9		6				4	
4	8		3	5	6			
	5							
7	3		4		1			

PUZZLE 129

MEDIUM

	5		9					1
6				1		5	8	
		8			2	7		6
	7		1		8		4	
5		3	6			8		
	6	1		7				4
8					3		6	

PUZZLE 130

MEDIUM

		5			1		9	
					7		6	1
2	1							4
	2				3			
5			2		8			9
			6				2	
8							5	3
1	5		4					
	6		3			1		

PUZZLE 131

MEDIUM

						6		5
9						8		3
	5	2			1		9	
3			1		9			
			2		4			
			5		3			6
	9		6			7	4	
7		1						9
8		4						

PUZZLE 132

MEDIUM

					8		5	9
	9	8		5	1			
3	5							
7	3					6		
	2		6		4		9	
		9					8	1
							6	2
			5	4		8	1	
6	8		9					

PUZZLE 133

MEDIUM

				3				
		7		6		8	2	
2	3			8				4
			3				1	
9	5						4	8
	6				4			
4				2			9	6
	8	6		4		1		
				5				

PUZZLE 134

MEDIUM

		3	6				
	7	5	1	3				
1		9		2	8			
	4						1	
		1		7		3		
	2						5	
			4	5		8		3
				9	6	1	2	
				1		6		

PUZZLE 135

MEDIUM

5		7			8	3		
3					1		6	
			6					7
				6		5	9	
6								1
	5	2		7				
9					6			
	4		2					3
		6	5			9		4

PUZZLE 136

MEDIUM

8		6		3				
5	3				6	4	7	
		4						
4					1			
	2	3		4		7	1	
		7						9
						1		
	1	2	3				9	4
				1		2		8

PUZZLE 137

DIFFICULT

			3	2		9	7	
2			7					
		9			1			
	8		1		7		3	
	3			8			6	
	1		9		6		8	
			6			4		
					5			8
	5	7		9	3			

PUZZLE 138

DIFFICULT

		2		9		5		
	9		1					7
			6	3				
	5	8				3		
4	1			9			7	8
		7				4	9	
				1	4			
5					6		8	
	7		8			6		

PUZZLE 139

DIFFICULT

6		7			4			
9				3	2	4		
	1						9	
5						8		
		9	4		5	7		
		2						5
	6						3	
		3	8	5				1
			6			2		7

PUZZLE 140

DIFFICULT

			3					
9	1			7	2	4		
					6	7		5
	4					3		2
	6						7	
2		1				6		
6		3	5					
		4	7	3			2	9
				8				

PUZZLE 141

DIFFICULT

		2	8			3		
5				9			4	
		4	1					8
1	2	5						
						4	6	9
7					2	5		
	5			3				6
		8			7	2		

PUZZLE 142

DIFFICULT

9					7	4		
	6					5		
7				8		3		6
	4		1			6		
			3	2	6			
		6			5		7	
3		8		5				4
		7					3	
		1	7					9

PUZZLE 143

DIFFICULT

6				8	1	3	7	
4		3						6
7								
	5		9					7
		1		5		8		
9					3		2	
								2
1						7		8
	8	4	5	7				3

PUZZLE 144

DIFFICULT

							1	
				5		8	3	
			2	1		5	9	
	2		3					9
	1		7		9		8	
5					1		2	
	8	1		3	2			
	9	3		7				
	4							

PUZZLE 145

DIFFICULT

		8	3	4				
5			9				8	
3	9			1				
		6				5	2	
		2				6		
	8	3				1		
				6			9	5
	6				3			2
				2	7	4		

PUZZLE 146

DIFFICULT

	7				5	9		
		4					7	
				7			6	5
			4		8			2
4				1				9
9			6		7			
5	3			8				
	9					1		
		6	7				5	

PUZZLE 147

DIFFICULT

7	1		5					
		2						
8	6		2	1				
	9		7					3
	7	3				9	4	
5					3		6	
				2	9		3	6
						5		
					8		7	9

PUZZLE 148

DIFFICULT

	1			2			4	
			6		4	9		2
		6					1	
1	5		7					
			3		5			
					2		5	8
	8					4		
7		9	4		8			
	6			5			9	

PUZZLE 149

DIFFICULT

		5	1		3			6
	8		6		4		7	1
	7	4				1		3
8		6				7	2	
4	9		7		2		8	
2			3		1	6		

PUZZLE 150

DIFFICULT

		5		7				
					8	6		7
			2				4	1
		4	3	6				
	5							4
				8	9	7		
	6	3				1		
9		7	8					
				2		8		

PUZZLE 151

DIFFICULT

					7			5
			2					3
5					4	1	2	
	4	9	3		8			
	8			7			3	
			4		5	8	7	
	7	1	8					6
2					9			
8			7					

PUZZLE 152

DIFFICULT

	4							
		5		7		9		
	1	3			6		2	
3				1	2			
	5	1				6	9	
			6	8				1
	2		1			7	4	
		6		9		8		
							3	

PUZZLE 153

DIFFICULT

	4			2	6			1
		7	9		8	4		
					2			
7							5	
	6		8		1		2	
	5							6
		8						
		9	4		7	5		
1			6	8			9	

PUZZLE 154

DIFFICULT

		4	9				6	
7		9	2			4		
5	2						7	
				6		7		
			4		7			
		7		8				
	4						2	7
		1			2	5		8
	6				5	9		

PUZZLE 155

DIFFICULT

	7						8	
	8				9	5	4	
		4			8	7		
					3	1		
	5		2		7		6	
		2	9					
		8	4			6		
	2	3	1				7	
	9						5	

PUZZLE 156

DIFFICULT

	7				8	1		
	3							
1		2		3				4
5					7		4	
7				5				6
	9		4					8
3				6		4		1
							3	
		8	7				9	

PUZZLE 157

DIFFICULT

					4			
				2			3	7
		3	9				5	8
			7			9		1
	6						2	
9		4			3			
1	9				7	3		
7	3			5				
			8					

PUZZLE 158

DIFFICULT

						7		
		2			6	5	3	
			3					6
8				9			5	2
			7		2			
1	2		4					8
9				4				
	3	7	5			4		
		6						

PUZZLE 159

DIFFICULT

3		5	2	6				
	8					5		
2			5		8			
6	4		7					
	1						7	
					2		3	9
			9		5			1
		4					9	
				1	3	7		2

PUZZLE 160

DIFFICULT

	5	4	7					
	3		4					
		9		1			3	
5			3				2	
	2	3				1	9	
	1				5			3
	6			8		3		
					6		8	
					7	2	1	

PUZZLE 161

DIFFICULT

5	2				1	3		
		4	8			2		1
			3			4		
			8			9		
7								2
	1		5					
	5		1					
1		9		3	4			
		8	9				3	5

PUZZLE 162

DIFFICULT

						3		
8			7	6			9	
					8	6		
			2			4		
9	7			5			6	2
		5			7			
		1	3					
	6			8	2			4
		4						

PUZZLE 163

DIFFICULT

		5						1
2				1		5	3	
	9		8			6		
			6			4	5	
			9		8			
	5	7			4			
		2			3		4	
	8	3		6				5
1						8		

PUZZLE 164

DIFFICULT

				8	6	9		
								6
				2	5	1	7	
5	3	1	2					
	8					7		
				8	1	3	5	
9	5	6	8					
3								
		2	9	5				

PUZZLE 165

DIFFICULT

9			5		6		4	2
3							8	1
	5		2			1		
	3		6		8		2	
		9			4		5	
7	9							6
8	6		4		2			7

PUZZLE 166

DIFFICULT

4			1		6		3	
		6				9		
9					5		7	
					1			9
	4		3	2	9		5	
7			5					
	8		6					1
		5				4		
	6		4		7			8

PUZZLE 167

DIFFICULT

4	1							2
			2	4	7	6		
				9				4
	9							5
	4	7		6	1			
3						8		
5			3					
	4	1	2	9				
2							7	8

PUZZLE 168

DIFFICULT

5	8					6		
		6			4			1
7			3		6			
				3				5
3	4						1	7
1				9				
			2		3			8
6			7			9		
		2					5	6

PUZZLE 169

DIFFICULT

6					9	4	2	
7			6	2			5	
		8		3	5	9		4
9		4	1	6		8		
	4			8	2			1
	6	3	4					5

PUZZLE 170

DIFFICULT

3	4	5		2				
7	9	8		1	5			
8			3				6	1
2	7				8			3
			7	9		6	4	5
				5		3	8	9

PUZZLE 171

DIFFICULT

9				4				
			6				1	
	4				3	5	6	
		4			5			
1	9			2			3	7
			7			9		
	7	8	2				4	
	6				4			
				7				3

PUZZLE 172

DIFFICULT

1		9			7			
8	7		3	9				4
				5	3			
2							4	
		8				2		
	9							5
		2	1					
9				2	8		1	7
			5			6		8

PUZZLE 173

DIFFICULT

	5			6			4	
		1	3		5	8		
8								
	4		8					2
1		2				7		4
9					6		1	
								9
		5	1		4	2		
	3			5			6	

PUZZLE 174

DIFFICULT

		4	8			6		5
9							8	
				3	1		9	
					5	9		
		3	2	1	9	7		
		9	6					
	5		7	6				
	9							8
7		2			8	4		

PUZZLE 175

DIFFICULT

	4			6		3		9
					7			
1				5				2
4							8	7
8			3		6			1
2	5							6
7				9				4
			8					
9		2		1			6	

PUZZLE 176

DIFFICULT

9			1		3		7	6
							3	
7				2		5		
1		4	6		5			
			7		2	4		5
		1		5				7
	4							
8	6		3		9			1

PUZZLE 177

DIFFICULT

5							9	1
6	1			2				
2							6	
			8	4			5	
		4	2	7	1	6		
	7			6	9			
	3							7
				5			2	6
7	6							8

PUZZLE 178

DIFFICULT

	9	4						6
7							1	
				2	3			
3			2	6		4		
4		6				9		7
		2		4	7			3
			7	1				
	1							5
2						1	9	

PUZZLE 179

DIFFICULT

			8				4	7
	7						3	
			9					
6			1		9	4		8
3				5				9
1		9	4		8			2
					4			
	6						1	
9	3				6			

PUZZLE 180

DIFFICULT

2	8						9	
		7					4	
					8	3		7
		2	5	8				6
		1		7		4		
5				9	1	2		
7		5	9					
	3					9		
	1						7	3

PUZZLE 181

DIFFICULT

	3		7			5		
		5						1
	1	9			2			7
			4		7			
4			5	8	9			6
			1		3			
3			6			9	4	
6						7		
		8			4		1	

PUZZLE 182

DIFFICULT

					4	9	6	
		9			3	1		2
					5			7
5		8				2		
				9				
		3				4		1
7			2					
9		4	7			3		
	1	5	3					

PUZZLE 183

DIFFICULT

8				3				
		9				5		8
		9		6	1		7	
6		8						
	5	3				7	2	
						8		1
	8		4	9		2		
4		6			7			
				5				7

PUZZLE 184

DIFFICULT

		8			9		2	
					2	3	5	7
					1			9
5						1		
			8		3			
		4						3
4			7					
7	5	1	2					
	8		9		4			

PUZZLE 185

DIFFICULT

	1				7	3	4	6
	8		3				5	
6					1			9
	9							
		5		2		8		
							9	
4			9					7
	6				5		3	
9	5	3	7				6	

PUZZLE 186

DIFFICULT

		6	9	4				2
		2						9
4			8			7	3	
			5			2		
	1			7			6	
		3			8			
	2	7			5			3
1						5		
3				8	2	9		

PUZZLE 187

DIFFICULT

7		5	1		2			9
1							7	
2					6	5		
				7				
6	7			1			3	4
		4						
		1	3					5
	2							8
8			5		9	6		1

PUZZLE 188

DIFFICULT

	5			6				8
							4	7
4		6	1					
2			5			4		
	9	4				7	1	
		1			9			2
					8	3		4
9	7							
6				2			9	

PUZZLE 189

DIFFICULT

8					4	3		2
	7		5	6			8	
		2						
1					9	8		
2				7				1
		7	3					4
						9		
	5			2	8		1	
7		3	6					8

PUZZLE 190

DIFFICULT

				1				7
	2						5	
			3				1	9
	3		2		8	6		
	6						9	
		2	6		3		4	
6	5				9			
	4						6	
3				7				

PUZZLE 191

DIFFICULT

		1	6			4	3	
9				7	3			5
	4		9			8		
	6			8			2	
		3			5		1	
7			1	5				2
	1	8			4	7		

PUZZLE 192

DIFFICULT

	4					8		
8	7						1	4
			9				2	7
			1	3			6	
6								1
	2			8	5			
9	5				4			
1	3						5	8
		7					3	

PUZZLE 193

DIFFICULT

		7			6		5	
6	8	4	7		1		9	
	9							
				9		4		
			5	2	8			
		6		7				
							2	
	6		4		7	5	8	1
	7		2			9		

PUZZLE 194

DIFFICULT

	5	8						
			9	5				
3					4		1	
		7	2				8	
5	4		8		1		3	6
	3				5	1		
	9		1					8
				6	3			
						7	6	

PUZZLE 195

DIFFICULT

		8			1			9
						3	4	
			3	7				6
		2	8					
8	7			9			1	5
					4	9		
3				2	5			
	1	5						
4			9			7		

PUZZLE 196

DIFFICULT

							1	8
	1				6			
		7	5		1	6		9
		5			7			
4			8		2			5
			3			1		
1		9	7		3	8		
			1				4	
6	8							

PUZZLE 197

DIFFICULT

	2		5		8		7	
		8		1				
				2			6	
1		5	3					
2	7			6			5	8
					5	1		7
	4			5				
				3		5		
	8		9		1		2	

PUZZLE 198

DIFFICULT

	4							
7	9			3			5	
	6		1		9			
5		6	7					
9	1			2			6	7
				8	5			2
			3		1		7	
	7			4			2	8
							9	

PUZZLE 199

DIFFICULT

	5			7				
6						4		8
7		3			4	9	5	
			2	5	7			
		5	1	6				
	9	6	2			3		1
2		4						7
				3			6	

PUZZLE 200

DIFFICULT

		8				6	1	
	1				6		7	
6				1				9
			6			8		
4			8		5			3
		9			7			
7				3				5
	5		2				3	
	3	4				2		

SOLUTIONS

1

4	3	5	2	9	8	6	1	7
9	1	2	6	7	4	3	8	5
6	8	7	3	5	1	2	9	4
8	2	9	4	1	6	7	5	3
5	7	4	9	2	3	1	6	8
1	6	3	5	8	7	9	4	2
7	5	8	1	6	2	4	3	9
3	9	6	7	4	5	8	2	1
2	4	1	8	3	9	5	7	6

2

1	5	4	2	6	7	9	3	8
3	8	9	1	4	5	6	7	2
2	6	7	9	3	8	4	1	5
8	2	6	4	1	3	7	5	9
9	7	1	5	8	2	3	4	6
4	3	5	7	9	6	2	8	1
6	1	3	8	7	9	5	2	4
7	4	2	6	5	1	8	9	3
5	9	8	3	2	4	1	6	7

3

3	1	5	4	9	2	8	7	6
2	6	4	1	7	8	5	3	9
9	8	7	6	3	5	1	2	4
1	3	9	7	4	6	2	8	5
4	5	6	8	2	1	3	9	7
7	2	8	9	5	3	4	6	1
8	9	3	5	1	7	6	4	2
5	4	2	3	6	9	7	1	8
6	7	1	2	8	4	9	5	3

4

7	1	5	8	9	4	2	3	6
4	6	3	2	5	7	9	1	8
8	2	9	1	6	3	7	5	4
6	8	2	9	3	1	4	7	5
5	3	4	6	7	2	1	8	9
9	7	1	5	4	8	3	6	2
1	4	8	3	2	5	6	9	7
2	5	6	7	1	9	8	4	3
3	9	7	4	8	6	5	2	1

5

7	4	8	1	3	2	9	6	5
9	3	2	6	5	7	1	8	4
1	5	6	9	8	4	2	7	3
4	7	5	8	2	1	3	9	6
2	9	1	3	6	5	8	4	7
6	8	3	4	7	9	5	1	2
8	2	4	5	1	6	7	3	9
5	1	9	7	4	3	6	2	8
3	6	7	2	9	8	4	5	1

6

4	8	9	6	1	3	7	2	5
2	3	5	7	4	8	1	6	9
7	1	6	2	5	9	3	8	4
6	7	2	3	9	4	8	5	1
1	5	3	8	2	7	9	4	6
8	9	4	1	6	5	2	7	3
3	4	7	9	8	6	5	1	2
5	2	8	4	3	1	6	9	7
9	6	1	5	7	2	4	3	8

7

9	2	7	6	1	5	3	8	4
3	1	6	7	8	4	2	9	5
5	4	8	9	3	2	6	1	7
7	9	2	8	4	1	5	3	6
8	6	4	3	5	9	1	7	2
1	5	3	2	6	7	9	4	8
6	7	9	4	2	3	8	5	1
4	8	5	1	9	6	7	2	3
2	3	1	5	7	8	4	6	9

8

2	6	4	5	8	9	3	1	7
8	5	9	1	3	7	4	2	6
1	3	7	6	2	4	9	8	5
9	7	1	4	6	8	2	5	3
6	4	5	3	1	2	7	9	8
3	8	2	9	7	5	1	6	4
4	1	8	7	9	6	5	3	2
5	2	3	8	4	1	6	7	9
7	9	6	2	5	3	8	4	1

9

9	7	5	8	4	6	3	2	1
8	3	1	2	7	5	6	9	4
4	2	6	3	9	1	5	8	7
2	1	8	9	3	4	7	5	6
5	6	4	1	2	7	8	3	9
3	9	7	5	6	8	1	4	2
7	5	3	4	1	9	2	6	8
1	8	9	6	5	2	4	7	3
6	4	2	7	8	3	9	1	5

10

4	5	2	9	8	1	7	6	3
3	8	6	5	7	2	1	4	9
1	7	9	3	6	4	2	8	5
8	3	4	1	5	6	9	7	2
9	2	5	7	4	8	3	1	6
6	1	7	2	9	3	4	5	8
5	4	3	8	1	9	6	2	7
2	6	8	4	3	7	5	9	1
7	9	1	6	2	5	8	3	4

11

4	7	3	1	5	2	9	6	8
2	8	5	7	6	9	1	3	4
6	9	1	3	4	8	7	2	5
1	4	9	2	3	7	5	8	6
8	6	7	5	1	4	2	9	3
3	5	2	8	9	6	4	7	1
7	1	4	9	8	3	6	5	2
9	3	6	4	2	5	8	1	7
5	2	8	6	7	1	3	4	9

12

8	4	3	6	1	5	7	2	9
7	6	2	9	4	3	8	1	5
1	9	5	2	7	8	4	6	3
5	3	1	7	6	9	2	4	8
4	2	7	3	8	1	9	5	6
9	8	6	5	2	4	3	7	1
6	5	4	8	9	2	1	3	7
2	7	8	1	3	6	5	9	4
3	1	9	4	5	7	6	8	2

13

1	4	9	3	5	7	8	2	6
8	7	2	6	9	4	1	5	3
5	3	6	2	1	8	9	4	7
4	1	3	8	7	6	5	9	2
6	9	8	4	2	5	3	7	1
2	5	7	1	3	9	4	6	8
3	2	4	5	6	1	7	8	9
7	6	5	9	8	3	2	1	4
9	8	1	7	4	2	6	3	5

14

1	7	3	9	5	8	4	2	6
8	6	5	2	7	4	1	3	9
9	2	4	6	3	1	7	5	8
4	5	8	1	2	7	9	6	3
7	3	6	8	4	9	5	1	2
2	1	9	5	6	3	8	7	4
5	8	2	7	9	6	3	4	1
6	4	1	3	8	5	2	9	7
3	9	7	4	1	2	6	8	5

15

8	4	2	6	3	7	9	5	1
9	1	7	5	4	2	3	6	8
6	3	5	8	1	9	4	7	2
4	2	1	7	6	3	8	9	5
7	5	9	4	2	8	1	3	6
3	8	6	1	9	5	7	2	4
5	9	8	2	7	1	6	4	3
2	7	4	3	8	6	5	1	9
1	6	3	9	5	4	2	8	7

16

9	1	3	2	6	4	7	5	8
8	6	2	7	5	3	9	1	4
5	4	7	8	1	9	2	3	6
4	5	8	1	9	2	3	6	7
6	3	1	4	7	5	8	2	9
7	2	9	6	3	8	5	4	1
3	7	5	9	4	6	1	8	2
1	8	4	3	2	7	6	9	5
2	9	6	5	8	1	4	7	3

17

7	8	5	6	1	4	3	2	9
9	1	6	2	3	7	4	8	5
4	2	3	5	8	9	7	6	1
1	3	4	9	6	8	5	7	2
5	7	8	4	2	1	9	3	6
2	6	9	3	7	5	8	1	4
3	5	1	8	9	2	6	4	7
8	9	7	1	4	6	2	5	3
6	4	2	7	5	3	1	9	8

18

2	6	5	7	3	8	9	1	4
8	7	1	9	4	2	5	3	6
4	3	9	6	1	5	7	2	8
7	5	6	1	2	9	4	8	3
3	9	8	4	6	7	2	5	1
1	2	4	5	8	3	6	7	9
9	4	7	8	5	1	3	6	2
6	1	3	2	7	4	8	9	5
5	8	2	3	9	6	1	4	7

19

7	5	3	2	4	9	8	1	6
1	4	8	3	6	5	9	7	2
6	9	2	7	1	8	4	5	3
4	3	1	8	9	6	7	2	5
5	6	7	4	2	1	3	9	8
2	8	9	5	3	7	1	6	4
3	2	5	1	7	4	6	8	9
9	1	4	6	8	2	5	3	7
8	7	6	9	5	3	2	4	1

20

5	7	4	3	1	6	8	2	9
1	8	6	2	7	9	3	4	5
9	2	3	5	4	8	6	7	1
3	6	1	7	8	2	9	5	4
4	9	8	1	3	5	2	6	7
7	5	2	9	6	4	1	8	3
2	4	5	8	9	3	7	1	6
6	3	7	4	2	1	5	9	8
8	1	9	6	5	7	4	3	2

21

8	9	4	1	7	5	2	6	3
6	1	7	3	4	2	9	8	5
2	3	5	6	8	9	7	1	4
9	4	2	5	3	8	6	7	1
1	6	8	4	9	7	3	5	2
7	5	3	2	1	6	4	9	8
3	7	1	8	6	4	5	2	9
4	2	9	7	5	1	8	3	6
5	8	6	9	2	3	1	4	7

22

7	9	5	6	8	3	4	2	1
3	2	4	1	7	5	9	6	8
1	6	8	9	4	2	3	5	7
4	3	9	2	1	8	5	7	6
5	8	1	7	6	9	2	4	3
2	7	6	3	5	4	1	8	9
8	5	7	4	9	1	6	3	2
9	4	2	8	3	6	7	1	5
6	1	3	5	2	7	8	9	4

23

8	3	5	9	7	1	6	2	4
7	4	2	8	3	6	1	9	5
1	9	6	2	5	4	7	8	3
2	1	8	5	4	7	9	3	6
5	6	9	3	8	2	4	7	1
3	7	4	1	6	9	2	5	8
4	8	1	7	9	5	3	6	2
9	2	3	6	1	8	5	4	7
6	5	7	4	2	3	8	1	9

24

1	9	4	5	7	6	8	3	2
5	6	3	2	8	9	4	1	7
7	2	8	3	4	1	9	6	5
6	3	9	8	5	4	7	2	1
8	1	7	9	3	2	6	5	4
4	5	2	1	6	7	3	8	9
3	4	6	7	2	5	1	9	8
9	7	5	6	1	8	2	4	3
2	8	1	4	9	3	5	7	6

25

2	3	8	5	7	4	1	6	9
5	9	4	1	6	3	2	7	8
6	1	7	8	2	9	4	5	3
3	6	9	7	4	8	5	1	2
7	8	5	2	1	6	9	3	4
1	4	2	3	9	5	6	8	7
4	5	6	9	3	7	8	2	1
9	2	3	6	8	1	7	4	5
8	7	1	4	5	2	3	9	6

26

1	6	9	2	7	3	8	5	4
4	2	7	5	8	1	9	6	3
8	5	3	6	9	4	2	1	7
2	9	1	3	5	7	6	4	8
5	8	4	1	6	9	7	3	2
3	7	6	4	2	8	5	9	1
6	4	5	8	3	2	1	7	9
9	1	8	7	4	6	3	2	5
7	3	2	9	1	5	4	8	6

27

4	6	9	5	1	3	8	2	7
3	7	1	4	2	8	9	5	6
8	2	5	6	9	7	3	4	1
9	1	6	8	3	5	4	7	2
5	8	4	1	7	2	6	9	3
2	3	7	9	6	4	5	1	8
1	5	3	7	8	9	2	6	4
7	4	8	2	5	6	1	3	9
6	9	2	3	4	1	7	8	5

28

7	4	9	2	8	3	5	1	6
2	8	6	5	9	1	7	4	3
1	3	5	6	4	7	2	8	9
3	9	1	4	7	5	6	2	8
5	2	4	3	6	8	1	9	7
8	6	7	1	2	9	4	3	5
6	7	3	9	1	4	8	5	2
4	5	2	8	3	6	9	7	1
9	1	8	7	5	2	3	6	4

29

1	8	6	5	2	7	9	4	3
2	4	3	9	8	6	7	1	5
9	7	5	3	4	1	6	8	2
5	3	7	6	1	9	8	2	4
8	9	1	4	5	2	3	6	7
4	6	2	8	7	3	1	5	9
6	5	8	7	3	4	2	9	1
3	1	4	2	9	8	5	7	6
7	2	9	1	6	5	4	3	8

30

2	8	5	7	4	3	1	9	6
9	4	3	1	2	6	7	8	5
6	1	7	8	5	9	3	4	2
8	9	4	6	1	5	2	7	3
1	3	6	9	7	2	8	5	4
5	7	2	4	3	8	6	1	9
3	6	1	5	9	7	4	2	8
7	5	8	2	6	4	9	3	1
4	2	9	3	8	1	5	6	7

31

4	3	8	6	1	7	9	2	5
2	1	7	9	5	8	3	4	6
5	6	9	3	2	4	8	1	7
7	8	3	5	4	6	1	9	2
1	4	5	8	9	2	7	6	3
6	9	2	1	7	3	5	8	4
8	7	1	4	6	5	2	3	9
3	5	4	2	8	9	6	7	1
9	2	6	7	3	1	4	5	8

32

5	4	7	2	8	1	9	6	3
9	1	2	3	6	7	5	4	8
6	3	8	4	5	9	7	1	2
1	2	5	6	4	8	3	7	9
8	7	6	5	9	3	1	2	4
4	9	3	7	1	2	6	8	5
2	8	1	9	3	6	4	5	7
3	6	4	8	7	5	2	9	1
7	5	9	1	2	4	8	3	6

33

3	2	8	4	9	5	1	6	7
1	5	4	3	6	7	9	8	2
6	7	9	8	2	1	3	4	5
2	6	5	1	3	9	4	7	8
4	3	1	5	7	8	2	9	6
8	9	7	6	4	2	5	1	3
7	4	3	9	5	6	8	2	1
9	8	2	7	1	3	6	5	4
5	1	6	2	8	4	7	3	9

34

9	7	6	5	8	4	2	1	3
5	1	4	3	2	6	9	7	8
3	8	2	7	9	1	6	5	4
8	6	9	1	4	3	7	2	5
7	4	3	2	6	5	8	9	1
1	2	5	8	7	9	3	4	6
2	5	8	4	3	7	1	6	9
6	3	1	9	5	2	4	8	7
4	9	7	6	1	8	5	3	2

35

7	1	4	3	2	8	6	5	9
2	8	5	9	6	4	3	7	1
6	9	3	5	1	7	4	8	2
3	5	7	1	8	6	2	9	4
4	2	8	7	3	9	1	6	5
1	6	9	4	5	2	7	3	8
9	4	6	8	7	1	5	2	3
8	3	2	6	4	5	9	1	7
5	7	1	2	9	3	8	4	6

36

6	9	4	2	8	1	3	5	7
8	2	1	3	5	7	6	9	4
7	5	3	6	9	4	2	1	8
5	1	2	7	6	8	9	4	3
4	6	8	9	3	5	1	7	2
3	7	9	1	4	2	8	6	5
1	3	5	4	2	6	7	8	9
9	4	6	8	7	3	5	2	1
2	8	7	5	1	9	4	3	6

37

2	5	8	6	9	1	7	4	3
1	4	9	5	7	3	8	2	6
3	6	7	4	2	8	9	1	5
4	8	3	7	6	2	5	9	1
9	7	2	1	8	5	6	3	4
5	1	6	9	3	4	2	7	8
7	2	5	3	4	6	1	8	9
6	9	4	8	1	7	3	5	2
8	3	1	2	5	9	4	6	7

38

8	2	6	7	4	5	3	1	9
3	7	9	8	1	6	4	5	2
4	5	1	3	2	9	6	8	7
1	9	5	4	3	2	8	7	6
6	3	7	5	8	1	2	9	4
2	8	4	6	9	7	1	3	5
5	6	2	1	7	8	9	4	3
9	1	3	2	5	4	7	6	8
7	4	8	9	6	3	5	2	1

39

9	5	1	3	6	4	8	7	2
4	7	3	2	1	8	9	5	6
8	2	6	9	7	5	1	4	3
6	1	7	4	2	3	5	8	9
2	9	5	6	8	1	7	3	4
3	8	4	5	9	7	2	6	1
1	4	9	7	5	6	3	2	8
7	6	8	1	3	2	4	9	5
5	3	2	8	4	9	6	1	7

40

7	6	1	8	5	2	4	3	9
2	4	3	7	1	9	5	8	6
8	5	9	4	3	6	1	7	2
3	2	4	9	8	5	7	6	1
5	9	6	1	7	3	8	2	4
1	7	8	2	6	4	9	5	3
9	1	7	6	2	8	3	4	5
4	3	2	5	9	7	6	1	8
6	8	5	3	4	1	2	9	7

41

5	3	8	7	6	2	9	4	1
4	7	6	3	9	1	8	5	2
9	2	1	8	4	5	7	6	3
3	6	4	1	5	8	2	9	7
2	8	9	4	3	7	5	1	6
7	1	5	6	2	9	3	8	4
1	5	2	9	7	6	4	3	8
6	9	3	2	8	4	1	7	5
8	4	7	5	1	3	6	2	9

42

1	7	5	8	2	9	4	3	6
8	6	3	1	4	5	7	9	2
9	4	2	7	6	3	5	8	1
3	2	7	5	8	6	9	1	4
4	8	6	3	9	1	2	5	7
5	1	9	4	7	2	3	6	8
2	9	8	6	5	7	1	4	3
6	5	1	2	3	4	8	7	9
7	3	4	9	1	8	6	2	5

43

9	3	4	5	8	6	7	2	1
2	7	5	3	9	1	4	8	6
1	6	8	4	2	7	9	3	5
4	2	3	1	6	9	8	5	7
5	9	1	8	7	4	2	6	3
6	8	7	2	5	3	1	9	4
7	1	6	9	3	2	5	4	8
8	4	2	6	1	5	3	7	9
3	5	9	7	4	8	6	1	2

44

1	8	6	3	9	7	5	2	4
4	7	3	1	5	2	9	8	6
9	5	2	4	8	6	7	3	1
8	2	4	9	3	5	6	1	7
5	1	7	2	6	4	3	9	8
3	6	9	7	1	8	2	4	5
2	4	5	8	7	9	1	6	3
7	3	8	6	2	1	4	5	9
6	9	1	5	4	3	8	7	2

45

8	9	6	2	4	1	3	5	7
1	7	2	3	9	5	6	4	8
5	3	4	7	8	6	2	9	1
7	5	3	6	2	4	8	1	9
6	2	8	1	7	9	5	3	4
4	1	9	5	3	8	7	2	6
2	8	1	9	6	3	4	7	5
9	4	7	8	5	2	1	6	3
3	6	5	4	1	7	9	8	2

46

2	3	8	9	7	1	6	4	5
6	7	1	5	8	4	2	9	3
4	9	5	2	6	3	8	7	1
3	2	7	1	5	6	9	8	4
1	6	9	4	2	8	3	5	7
8	5	4	3	9	7	1	2	6
7	4	2	6	1	9	5	3	8
5	1	3	8	4	2	7	6	9
9	8	6	7	3	5	4	1	2

47

4	8	5	2	3	9	7	6	1
9	6	1	4	7	8	2	5	3
3	7	2	6	1	5	8	9	4
8	4	9	7	2	1	6	3	5
6	5	7	3	8	4	9	1	2
1	2	3	9	5	6	4	8	7
5	1	4	8	6	2	3	7	9
2	3	6	5	9	7	1	4	8
7	9	8	1	4	3	5	2	6

48

2	6	8	7	1	3	4	9	5
1	4	5	6	9	8	7	2	3
7	9	3	5	4	2	1	6	8
6	7	1	4	3	9	5	8	2
9	5	4	8	2	6	3	1	7
3	8	2	1	5	7	6	4	9
5	2	9	3	6	1	8	7	4
4	1	7	9	8	5	2	3	6
8	3	6	2	7	4	9	5	1

49

8	6	7	1	5	4	2	3	9
2	1	5	3	6	9	7	8	4
9	3	4	8	7	2	6	1	5
7	4	8	6	9	5	3	2	1
1	9	6	2	8	3	4	5	7
3	5	2	4	1	7	9	6	8
4	7	3	5	2	1	8	9	6
6	2	1	9	4	8	5	7	3
5	8	9	7	3	6	1	4	2

50

7	4	8	9	3	6	1	2	5
2	1	9	4	7	5	3	8	6
3	5	6	8	2	1	4	7	9
9	3	1	6	8	7	5	4	2
8	6	5	2	4	9	7	3	1
4	2	7	5	1	3	6	9	8
6	9	3	7	5	2	8	1	4
5	7	4	1	9	8	2	6	3
1	8	2	3	6	4	9	5	7

51

4	1	7	8	3	9	5	6	2
3	8	5	6	4	2	9	7	1
6	9	2	7	5	1	3	4	8
2	4	8	5	7	6	1	3	9
7	3	9	2	1	8	4	5	6
5	6	1	3	9	4	8	2	7
1	5	6	4	8	7	2	9	3
8	7	4	9	2	3	6	1	5
9	2	3	1	6	5	7	8	4

52

7	3	4	8	6	1	9	2	5
1	9	6	2	5	3	8	7	4
5	2	8	7	9	4	1	3	6
2	7	9	3	8	5	6	4	1
4	5	3	1	2	6	7	8	9
8	6	1	4	7	9	2	5	3
9	4	2	6	3	8	5	1	7
6	1	7	5	4	2	3	9	8
3	8	5	9	1	7	4	6	2

53

5	6	3	1	4	2	9	8	7
2	9	4	7	5	8	3	6	1
1	8	7	9	3	6	5	2	4
8	3	6	4	9	7	1	5	2
4	2	5	8	1	3	6	7	9
9	7	1	6	2	5	4	3	8
7	4	2	3	6	9	8	1	5
3	5	9	2	8	1	7	4	6
6	1	8	5	7	4	2	9	3

54

3	4	5	2	1	6	8	7	9
1	9	7	3	5	8	6	2	4
8	6	2	4	7	9	5	3	1
4	8	3	7	2	1	9	5	6
2	1	9	6	3	5	7	4	8
5	7	6	9	8	4	3	1	2
7	5	1	8	9	2	4	6	3
9	2	4	5	6	3	1	8	7
6	3	8	1	4	7	2	9	5

55

9	8	4	7	5	1	3	2	6
6	3	5	9	2	4	8	7	1
7	1	2	8	3	6	9	4	5
5	7	8	4	9	2	1	6	3
1	6	9	3	8	7	2	5	4
2	4	3	1	6	5	7	9	8
4	2	1	5	7	8	6	3	9
8	9	7	6	4	3	5	1	2
3	5	6	2	1	9	4	8	7

56

7	3	8	9	4	5	2	1	6
9	2	6	3	1	8	7	4	5
5	4	1	7	2	6	9	3	8
8	9	2	4	7	3	5	6	1
3	1	4	6	5	2	8	7	9
6	7	5	1	8	9	4	2	3
2	6	3	8	9	7	1	5	4
1	5	9	2	6	4	3	8	7
4	8	7	5	3	1	6	9	2

57

3	1	2	8	9	6	7	4	5
7	5	6	4	3	1	8	9	2
8	9	4	2	5	7	3	6	1
6	7	9	5	1	4	2	8	3
5	8	3	6	7	2	9	1	4
4	2	1	9	8	3	6	5	7
1	4	7	3	6	9	5	2	8
2	6	5	7	4	8	1	3	9
9	3	8	1	2	5	4	7	6

58

5	9	6	4	1	7	2	8	3
8	7	4	3	9	2	5	6	1
2	3	1	5	6	8	7	4	9
3	1	2	7	8	5	6	9	4
7	4	9	6	2	3	8	1	5
6	8	5	1	4	9	3	7	2
9	2	3	8	7	4	1	5	6
4	6	8	2	5	1	9	3	7
1	5	7	9	3	6	4	2	8

59

6	5	7	4	9	1	2	3	8
1	4	3	8	2	7	5	6	9
8	2	9	6	3	5	4	1	7
9	7	2	3	4	8	1	5	6
5	6	1	9	7	2	8	4	3
4	3	8	1	5	6	9	7	2
3	8	4	5	6	9	7	2	1
2	1	5	7	8	3	6	9	4
7	9	6	2	1	4	3	8	5

60

2	5	7	1	8	3	9	4	6
3	1	4	5	9	6	7	8	2
8	9	6	4	2	7	5	1	3
7	8	9	2	1	5	6	3	4
5	6	2	3	4	9	8	7	1
4	3	1	6	7	8	2	9	5
9	2	5	8	3	4	1	6	7
6	7	3	9	5	1	4	2	8
1	4	8	7	6	2	3	5	9

61

1	6	3	4	9	7	2	8	5
5	7	2	3	8	1	4	9	6
4	9	8	5	6	2	3	7	1
7	2	9	1	4	6	5	3	8
6	8	1	7	3	5	9	4	2
3	5	4	8	2	9	6	1	7
9	1	5	6	7	3	8	2	4
8	3	7	2	5	4	1	6	9
2	4	6	9	1	8	7	5	3

62

1	2	6	5	3	9	7	8	4
7	9	5	8	2	4	1	3	6
4	3	8	1	7	6	5	2	9
3	1	9	4	6	7	8	5	2
6	8	2	9	1	5	3	4	7
5	7	4	2	8	3	9	6	1
8	6	1	3	9	2	4	7	5
9	4	7	6	5	8	2	1	3
2	5	3	7	4	1	6	9	8

63

3	4	1	6	8	2	7	9	5
9	2	6	7	5	3	8	1	4
5	8	7	1	4	9	6	2	3
1	9	8	3	2	4	5	7	6
4	5	2	9	6	7	3	8	1
6	7	3	5	1	8	9	4	2
8	6	5	2	9	1	4	3	7
2	3	9	4	7	5	1	6	8
7	1	4	8	3	6	2	5	9

64

7	8	4	5	6	3	9	1	2
9	5	1	7	8	2	6	3	4
2	3	6	9	4	1	5	7	8
8	7	9	2	1	6	4	5	3
3	6	2	4	7	5	1	8	9
4	1	5	3	9	8	7	2	6
1	9	7	8	3	4	2	6	5
5	4	3	6	2	7	8	9	1
6	2	8	1	5	9	3	4	7

65

6	8	1	9	5	2	3	4	7
4	7	5	8	3	6	1	2	9
3	2	9	1	7	4	6	8	5
8	5	6	2	9	3	7	1	4
1	9	7	6	4	5	8	3	2
2	3	4	7	1	8	9	5	6
5	1	3	4	6	9	2	7	8
7	6	2	5	8	1	4	9	3
9	4	8	3	2	7	5	6	1

66

6	9	5	1	2	8	4	7	3
7	2	8	5	4	3	9	6	1
4	3	1	6	9	7	2	8	5
2	1	4	8	6	9	5	3	7
3	6	9	7	5	4	1	2	8
8	5	7	3	1	2	6	4	9
5	7	2	9	8	6	3	1	4
9	8	6	4	3	1	7	5	2
1	4	3	2	7	5	8	9	6

67

7	8	9	2	5	4	6	1	3
6	5	1	9	3	7	8	4	2
3	2	4	8	6	1	9	7	5
1	7	8	3	9	5	4	2	6
5	4	6	1	7	2	3	8	9
9	3	2	6	4	8	1	5	7
2	9	7	4	8	6	5	3	1
4	1	3	5	2	9	7	6	8
8	6	5	7	1	3	2	9	4

68

8	5	3	7	2	1	6	9	4
7	9	4	5	6	8	2	1	3
1	6	2	9	3	4	7	5	8
9	2	6	8	5	7	4	3	1
3	7	5	1	4	2	9	8	6
4	8	1	6	9	3	5	2	7
2	4	9	3	1	6	8	7	5
6	1	8	2	7	5	3	4	9
5	3	7	4	8	9	1	6	2

69

1	2	5	8	3	4	7	6	9
6	3	9	1	7	2	8	4	5
7	8	4	5	6	9	2	1	3
3	4	6	9	1	8	5	2	7
2	5	7	3	4	6	9	8	1
9	1	8	7	2	5	6	3	4
8	7	2	4	5	1	3	9	6
5	9	1	6	8	3	4	7	2
4	6	3	2	9	7	1	5	8

70

4	3	5	2	8	7	1	6	9
1	2	8	9	6	3	5	4	7
7	9	6	1	4	5	3	2	8
9	4	2	7	5	8	6	3	1
3	6	7	4	2	1	8	9	5
8	5	1	6	3	9	2	7	4
5	8	4	3	9	6	7	1	2
6	1	9	8	7	2	4	5	3
2	7	3	5	1	4	9	8	6

71

1	9	4	8	7	3	2	6	5
8	6	2	9	4	5	3	1	7
3	7	5	1	2	6	9	4	8
6	4	8	2	5	9	1	7	3
9	1	7	3	8	4	6	5	2
2	5	3	6	1	7	8	9	4
5	2	6	7	3	1	4	8	9
4	8	1	5	9	2	7	3	6
7	3	9	4	6	8	5	2	1

72

9	4	7	2	5	1	3	8	6
6	5	8	3	4	9	2	1	7
3	1	2	7	8	6	4	5	9
2	7	5	8	1	4	9	6	3
1	9	3	6	7	5	8	2	4
4	8	6	9	2	3	1	7	5
8	6	4	1	3	7	5	9	2
5	2	9	4	6	8	7	3	1
7	3	1	5	9	2	6	4	8

73

5	3	7	6	4	9	8	1	2
2	1	9	5	3	8	6	7	4
6	4	8	2	1	7	9	5	3
1	2	6	7	8	4	3	9	5
3	7	5	1	9	6	2	4	8
8	9	4	3	5	2	1	6	7
4	6	3	9	2	5	7	8	1
9	8	1	4	7	3	5	2	6
7	5	2	8	6	1	4	3	9

74

3	4	2	1	5	7	8	9	6
6	7	8	4	9	2	3	5	1
1	5	9	3	6	8	7	2	4
4	3	1	6	8	9	5	7	2
7	2	6	5	3	4	9	1	8
9	8	5	7	2	1	6	4	3
2	9	7	8	4	6	1	3	5
5	6	4	9	1	3	2	8	7
8	1	3	2	7	5	4	6	9

75

9	1	2	6	8	7	5	3	4
6	8	5	4	3	1	7	2	9
7	4	3	2	5	9	8	1	6
3	9	7	8	1	4	2	6	5
2	5	8	9	7	6	3	4	1
4	6	1	3	2	5	9	7	8
1	3	6	7	9	8	4	5	2
8	7	4	5	6	2	1	9	3
5	2	9	1	4	3	6	8	7

76

2	3	4	5	8	6	7	9	1
8	5	6	1	7	9	4	3	2
7	9	1	4	3	2	8	6	5
6	4	8	9	1	5	2	7	3
9	2	3	6	4	7	5	1	8
1	7	5	3	2	8	9	4	6
3	6	9	2	5	4	1	8	7
5	1	7	8	9	3	6	2	4
4	8	2	7	6	1	3	5	9

77

3	6	4	1	8	9	2	7	5
1	9	5	2	7	4	8	6	3
7	8	2	3	5	6	1	4	9
9	7	3	6	4	1	5	8	2
6	5	1	8	9	2	7	3	4
2	4	8	5	3	7	6	9	1
8	3	6	9	2	5	4	1	7
4	2	9	7	1	8	3	5	6
5	1	7	4	6	3	9	2	8

78

3	9	6	4	7	5	1	2	8
1	5	2	9	8	3	4	7	6
7	4	8	2	1	6	3	5	9
8	7	4	5	2	9	6	3	1
5	6	9	1	3	7	8	4	2
2	1	3	8	6	4	5	9	7
9	8	1	3	4	2	7	6	5
4	2	7	6	5	1	9	8	3
6	3	5	7	9	8	2	1	4

79

3	4	7	5	2	8	1	6	9
6	8	2	7	9	1	3	4	5
1	9	5	6	4	3	7	2	8
7	6	9	1	8	2	5	3	4
4	1	3	9	5	6	8	7	2
5	2	8	3	7	4	9	1	6
2	7	4	8	1	9	6	5	3
8	3	1	2	6	5	4	9	7
9	5	6	4	3	7	2	8	1

80

3	7	6	9	8	4	5	1	2
4	5	1	2	6	3	8	9	7
9	8	2	7	5	1	3	4	6
8	2	3	4	1	6	7	5	9
6	4	9	3	7	5	1	2	8
5	1	7	8	2	9	6	3	4
7	6	4	1	3	2	9	8	5
1	9	5	6	4	8	2	7	3
2	3	8	5	9	7	4	6	1

81

6	7	1	3	5	4	9	2	8
8	2	4	9	7	6	3	5	1
3	5	9	1	2	8	7	4	6
7	9	6	4	8	5	1	3	2
1	3	5	2	6	9	8	7	4
2	4	8	7	1	3	6	9	5
9	8	7	5	4	1	2	6	3
5	6	3	8	9	2	4	1	7
4	1	2	6	3	7	5	8	9

82

8	1	5	4	7	3	9	6	2
4	7	2	9	5	6	3	1	8
3	9	6	2	1	8	4	5	7
6	8	7	5	9	4	1	2	3
9	2	3	7	8	1	5	4	6
1	5	4	3	6	2	7	8	9
2	4	8	1	3	9	6	7	5
5	3	1	6	2	7	8	9	4
7	6	9	8	4	5	2	3	1

83

5	2	4	9	1	8	6	7	3
6	8	3	5	7	2	4	1	9
1	7	9	3	6	4	5	2	8
8	3	1	7	4	6	9	5	2
2	9	6	1	8	5	7	3	4
7	4	5	2	9	3	8	6	1
4	5	7	8	3	1	2	9	6
3	6	2	4	5	9	1	8	7
9	1	8	6	2	7	3	4	5

84

2	6	1	5	3	4	8	7	9
9	4	3	7	8	6	2	5	1
5	7	8	9	2	1	4	3	6
3	1	9	6	4	7	5	8	2
4	5	2	8	1	3	6	9	7
7	8	6	2	5	9	3	1	4
6	9	4	3	7	8	1	2	5
8	2	7	1	6	5	9	4	3
1	3	5	4	9	2	7	6	8

85

3	8	7	2	9	6	5	4	1
6	5	9	7	1	4	3	8	2
2	4	1	5	8	3	6	7	9
9	6	8	3	5	2	4	1	7
7	2	4	1	6	9	8	5	3
1	3	5	8	4	7	9	2	6
4	7	2	9	3	5	1	6	8
5	1	3	6	7	8	2	9	4
8	9	6	4	2	1	7	3	5

86

5	7	1	4	8	3	9	2	6
6	2	8	7	5	9	3	4	1
3	9	4	6	1	2	8	5	7
2	8	9	3	6	1	4	7	5
7	4	3	5	2	8	6	1	9
1	6	5	9	7	4	2	8	3
9	1	6	8	4	7	5	3	2
4	3	7	2	9	5	1	6	8
8	5	2	1	3	6	7	9	4

87

1	6	5	3	9	8	4	2	7
4	7	8	6	5	2	3	9	1
2	3	9	4	7	1	8	5	6
8	2	1	9	6	4	7	3	5
5	4	6	2	3	7	9	1	8
3	9	7	1	8	5	2	6	4
9	1	3	8	4	6	5	7	2
7	8	2	5	1	9	6	4	3
6	5	4	7	2	3	1	8	9

88

6	7	8	3	9	4	5	1	2
5	4	3	8	1	2	7	6	9
1	9	2	6	5	7	8	4	3
9	5	1	7	2	8	6	3	4
3	2	6	1	4	5	9	7	8
7	8	4	9	6	3	1	2	5
2	1	7	4	8	9	3	5	6
4	6	9	5	3	1	2	8	7
8	3	5	2	7	6	4	9	1

89

9	1	4	2	6	7	5	3	8
5	8	2	4	1	3	7	9	6
6	7	3	9	8	5	4	1	2
1	6	8	5	2	9	3	4	7
3	5	9	6	7	4	8	2	1
4	2	7	8	3	1	6	5	9
8	4	6	1	5	2	9	7	3
7	9	1	3	4	8	2	6	5
2	3	5	7	9	6	1	8	4

90

6	3	5	9	8	2	4	1	7
4	9	7	3	5	1	8	2	6
1	8	2	4	7	6	3	5	9
9	1	3	8	6	4	2	7	5
5	7	6	1	2	3	9	8	4
2	4	8	7	9	5	1	6	3
3	6	4	5	1	8	7	9	2
7	2	1	6	3	9	5	4	8
8	5	9	2	4	7	6	3	1

91

6	8	3	7	2	9	4	1	5
4	9	7	1	5	8	2	6	3
2	1	5	4	3	6	9	7	8
1	6	8	9	4	3	7	5	2
3	5	2	8	7	1	6	4	9
9	7	4	2	6	5	8	3	1
7	4	1	3	8	2	5	9	6
8	3	6	5	9	4	1	2	7
5	2	9	6	1	7	3	8	4

92

9	2	8	5	7	3	1	6	4
5	1	6	4	8	9	3	7	2
7	4	3	6	2	1	5	8	9
1	6	2	9	4	5	7	3	8
8	9	4	3	6	7	2	5	1
3	5	7	8	1	2	4	9	6
2	8	9	7	3	4	6	1	5
4	3	5	1	9	6	8	2	7
6	7	1	2	5	8	9	4	3

93

1	9	3	6	8	7	4	2	5
2	4	5	3	9	1	8	6	7
7	8	6	5	2	4	1	3	9
5	1	9	8	7	2	6	4	3
3	7	2	4	5	6	9	1	8
4	6	8	9	1	3	5	7	2
6	5	1	2	3	9	7	8	4
8	3	4	7	6	5	2	9	1
9	2	7	1	4	8	3	5	6

94

2	5	8	6	3	4	7	1	9
6	9	3	2	1	7	4	8	5
1	4	7	8	9	5	6	2	3
8	6	5	4	2	3	9	7	1
7	2	1	5	6	9	3	4	8
9	3	4	7	8	1	2	5	6
5	1	2	9	7	6	8	3	4
3	8	6	1	4	2	5	9	7
4	7	9	3	5	8	1	6	2

95

5	4	9	2	7	3	6	1	8
3	6	7	8	1	4	5	2	9
8	2	1	9	6	5	3	4	7
1	9	8	6	3	2	7	5	4
6	5	4	7	8	1	2	9	3
2	7	3	4	5	9	1	8	6
7	8	5	1	4	6	9	3	2
4	3	2	5	9	7	8	6	1
9	1	6	3	2	8	4	7	5

96

2	6	3	9	4	7	5	1	8
4	1	8	2	5	3	7	9	6
9	5	7	1	8	6	2	4	3
8	7	5	3	1	4	9	6	2
3	9	1	8	6	2	4	5	7
6	2	4	7	9	5	8	3	1
5	3	9	6	7	8	1	2	4
7	4	6	5	2	1	3	8	9
1	8	2	4	3	9	6	7	5

97

5	6	1	9	4	8	2	7	3
9	4	2	5	7	3	1	6	8
3	8	7	2	6	1	4	5	9
4	1	9	7	8	5	6	3	2
6	3	5	4	9	2	7	8	1
2	7	8	1	3	6	5	9	4
7	5	4	3	2	9	8	1	6
1	9	6	8	5	4	3	2	7
8	2	3	6	1	7	9	4	5

98

7	3	9	6	1	2	8	4	5
4	8	5	7	9	3	6	2	1
1	2	6	8	5	4	3	7	9
5	7	3	9	8	6	4	1	2
8	4	2	1	3	7	9	5	6
9	6	1	4	2	5	7	3	8
3	5	4	2	6	9	1	8	7
6	1	7	5	4	8	2	9	3
2	9	8	3	7	1	5	6	4

99

1	2	4	3	8	7	5	6	9
7	9	5	1	4	6	3	2	8
3	8	6	5	2	9	4	1	7
2	6	3	9	1	8	7	4	5
4	5	8	7	6	2	1	9	3
9	1	7	4	3	5	6	8	2
6	3	9	8	5	1	2	7	4
5	7	1	2	9	4	8	3	6
8	4	2	6	7	3	9	5	1

100

6	5	9	7	3	8	4	1	2
3	7	1	4	2	9	5	6	8
4	8	2	6	1	5	3	9	7
1	9	5	2	4	7	8	3	6
2	6	4	5	8	3	1	7	9
7	3	8	9	6	1	2	4	5
8	4	7	3	9	2	6	5	1
5	2	6	1	7	4	9	8	3
9	1	3	8	5	6	7	2	4

101

4	2	7	8	6	1	3	5	9
8	1	6	5	3	9	2	7	4
5	3	9	4	2	7	1	6	8
2	5	3	9	1	8	6	4	7
6	7	8	3	4	5	9	1	2
9	4	1	2	7	6	5	8	3
1	8	4	6	9	3	7	2	5
3	6	5	7	8	2	4	9	1
7	9	2	1	5	4	8	3	6

102

8	4	2	5	6	7	9	1	3
7	1	9	8	4	3	5	2	6
3	5	6	2	9	1	4	7	8
9	6	3	1	2	4	8	5	7
4	7	8	9	3	5	1	6	2
5	2	1	7	8	6	3	9	4
6	9	7	3	1	8	2	4	5
2	3	5	4	7	9	6	8	1
1	8	4	6	5	2	7	3	9

103

7	8	9	6	5	1	4	3	2
2	1	6	3	4	8	9	7	5
5	4	3	7	2	9	8	1	6
9	2	8	5	1	7	6	4	3
3	5	4	2	8	6	1	9	7
6	7	1	4	9	3	2	5	8
4	6	2	9	7	5	3	8	1
1	9	7	8	3	2	5	6	4
8	3	5	1	6	4	7	2	9

104

2	8	3	9	1	5	7	4	6
9	6	1	2	4	7	5	8	3
7	4	5	6	3	8	2	1	9
3	2	7	1	6	4	9	5	8
6	9	4	5	8	3	1	7	2
5	1	8	7	2	9	6	3	4
1	3	9	8	5	2	4	6	7
8	5	2	4	7	6	3	9	1
4	7	6	3	9	1	8	2	5

105

2	7	9	8	1	5	3	4	6
6	8	4	2	3	9	5	7	1
3	1	5	7	4	6	8	9	2
8	4	2	9	5	7	1	6	3
7	3	6	4	2	1	9	5	8
5	9	1	3	6	8	7	2	4
9	2	7	1	8	4	6	3	5
4	6	8	5	9	3	2	1	7
1	5	3	6	7	2	4	8	9

106

7	2	3	6	4	8	9	1	5
4	6	5	2	1	9	7	3	8
8	9	1	7	3	5	4	6	2
3	5	8	9	6	4	2	7	1
2	4	7	3	8	1	5	9	6
9	1	6	5	7	2	8	4	3
6	8	9	1	5	7	3	2	4
5	3	2	4	9	6	1	8	7
1	7	4	8	2	3	6	5	9

107

3	7	9	8	5	4	6	2	1
6	8	4	1	2	9	5	3	7
1	5	2	6	3	7	4	9	8
5	6	3	2	1	8	7	4	9
4	9	1	3	7	6	8	5	2
8	2	7	4	9	5	1	6	3
7	3	8	5	6	2	9	1	4
9	1	6	7	4	3	2	8	5
2	4	5	9	8	1	3	7	6

108

8	3	6	2	9	5	7	4	1
4	7	5	3	6	1	8	2	9
1	9	2	4	8	7	5	3	6
9	8	1	6	5	4	2	7	3
2	5	7	8	3	9	1	6	4
3	6	4	7	1	2	9	8	5
7	2	9	1	4	6	3	5	8
6	1	8	5	2	3	4	9	7
5	4	3	9	7	8	6	1	2

109

3	6	5	1	2	9	4	7	8
4	1	2	7	8	5	3	6	9
7	9	8	6	4	3	2	5	1
9	3	4	8	6	1	5	2	7
8	2	7	5	3	4	1	9	6
1	5	6	9	7	2	8	3	4
6	8	3	4	5	7	9	1	2
5	4	1	2	9	6	7	8	3
2	7	9	3	1	8	6	4	5

110

2	6	4	7	3	9	5	1	8
5	3	7	8	2	1	6	9	4
8	1	9	4	5	6	7	3	2
3	7	1	6	4	5	8	2	9
4	2	6	9	8	3	1	7	5
9	5	8	1	7	2	3	4	6
1	4	2	3	6	8	9	5	7
6	9	5	2	1	7	4	8	3
7	8	3	5	9	4	2	6	1

111

1	2	5	9	8	7	6	3	4
9	6	8	2	4	3	1	5	7
4	3	7	5	1	6	9	8	2
3	8	6	7	2	5	4	1	9
7	4	2	3	9	1	8	6	5
5	1	9	4	6	8	7	2	3
8	5	4	1	3	9	2	7	6
2	7	1	6	5	4	3	9	8
6	9	3	8	7	2	5	4	1

112

3	6	9	5	7	8	1	4	2
8	5	7	4	2	1	6	9	3
2	4	1	6	9	3	8	7	5
7	8	3	9	1	6	2	5	4
4	9	2	8	5	7	3	6	1
6	1	5	2	3	4	9	8	7
9	3	4	7	6	2	5	1	8
1	7	6	3	8	5	4	2	9
5	2	8	1	4	9	7	3	6

113

3	7	1	6	9	8	2	5	4
4	9	6	1	2	5	8	3	7
2	8	5	3	4	7	6	9	1
9	4	3	5	8	2	7	1	6
1	6	8	7	3	4	9	2	5
5	2	7	9	6	1	4	8	3
6	5	9	8	7	3	1	4	2
7	1	2	4	5	9	3	6	8
8	3	4	2	1	6	5	7	9

114

8	1	4	3	9	5	7	6	2
9	5	7	2	1	6	4	8	3
6	2	3	7	4	8	1	5	9
1	7	5	9	3	4	6	2	8
2	9	6	1	8	7	3	4	5
4	3	8	5	6	2	9	1	7
3	4	2	6	5	9	8	7	1
7	8	1	4	2	3	5	9	6
5	6	9	8	7	1	2	3	4

115

4	2	3	5	6	8	7	1	9
8	1	7	4	9	2	5	6	3
5	6	9	7	1	3	2	4	8
1	7	5	9	2	4	3	8	6
3	9	8	1	7	6	4	5	2
2	4	6	8	3	5	9	7	1
9	8	4	3	5	1	6	2	7
7	5	2	6	8	9	1	3	4
6	3	1	2	4	7	8	9	5

116

2	8	3	6	7	9	4	5	1
5	9	4	8	1	2	3	6	7
6	1	7	3	4	5	8	9	2
9	7	5	4	8	6	1	2	3
8	3	2	7	5	1	9	4	6
1	4	6	9	2	3	5	7	8
3	2	9	1	6	4	7	8	5
7	5	1	2	9	8	6	3	4
4	6	8	5	3	7	2	1	9

117

4	9	1	6	8	3	7	5	2
3	6	7	1	5	2	9	4	8
5	8	2	7	9	4	3	1	6
6	7	5	9	2	1	8	3	4
2	1	8	3	4	6	5	7	9
9	3	4	5	7	8	2	6	1
1	5	6	8	3	9	4	2	7
8	2	3	4	6	7	1	9	5
7	4	9	2	1	5	6	8	3

118

8	3	4	9	2	6	5	1	7
9	5	7	8	3	1	4	6	2
6	2	1	4	5	7	9	8	3
4	1	3	2	6	5	7	9	8
2	6	9	7	4	8	3	5	1
7	8	5	3	1	9	6	2	4
1	7	8	5	9	4	2	3	6
3	9	6	1	7	2	8	4	5
5	4	2	6	8	3	1	7	9

119

4	7	9	2	3	6	8	1	5
8	3	5	7	1	9	4	2	6
6	1	2	8	4	5	7	3	9
3	8	4	9	6	2	1	5	7
7	5	1	4	8	3	9	6	2
9	2	6	1	5	7	3	4	8
2	4	3	5	7	8	6	9	1
1	9	8	6	2	4	5	7	3
5	6	7	3	9	1	2	8	4

120

4	7	3	9	6	2	1	5	8
1	5	6	7	4	8	3	9	2
2	9	8	5	3	1	4	7	6
3	2	1	8	9	7	5	6	4
5	4	7	3	2	6	8	1	9
6	8	9	4	1	5	2	3	7
7	3	2	6	5	4	9	8	1
9	6	4	1	8	3	7	2	5
8	1	5	2	7	9	6	4	3

121

7	8	2	6	3	9	5	1	4
9	3	1	5	4	2	7	6	8
5	6	4	1	7	8	3	2	9
6	4	7	9	1	3	8	5	2
1	2	5	7	8	6	4	9	3
8	9	3	2	5	4	1	7	6
2	5	8	4	6	1	9	3	7
3	7	9	8	2	5	6	4	1
4	1	6	3	9	7	2	8	5

122

5	8	3	4	2	7	6	1	9
4	7	2	6	9	1	3	8	5
1	6	9	3	8	5	2	4	7
6	9	7	1	3	8	5	2	4
8	4	1	5	6	2	7	9	3
3	2	5	7	4	9	1	6	8
9	3	6	2	5	4	8	7	1
2	1	8	9	7	3	4	5	6
7	5	4	8	1	6	9	3	2

123

1	9	8	3	4	6	7	2	5
7	4	6	8	2	5	1	9	3
3	2	5	9	1	7	8	6	4
5	3	7	2	9	4	6	8	1
2	6	1	5	7	8	3	4	9
4	8	9	6	3	1	2	5	7
8	7	4	1	6	9	5	3	2
9	5	3	7	8	2	4	1	6
6	1	2	4	5	3	9	7	8

124

1	7	2	4	5	9	3	6	8
3	8	5	6	2	1	4	7	9
9	6	4	3	7	8	1	5	2
4	2	8	5	3	7	6	9	1
7	1	6	9	8	2	5	3	4
5	9	3	1	6	4	2	8	7
8	5	1	2	9	6	7	4	3
2	3	7	8	4	5	9	1	6
6	4	9	7	1	3	8	2	5

125

5	3	6	1	9	7	2	8	4
4	2	8	5	3	6	9	1	7
9	7	1	8	4	2	3	6	5
2	5	3	6	7	9	8	4	1
8	1	9	4	5	3	7	2	6
6	4	7	2	8	1	5	9	3
1	8	2	3	6	5	4	7	9
7	6	5	9	2	4	1	3	8
3	9	4	7	1	8	6	5	2

126

8	6	1	4	3	7	9	2	5
2	5	3	9	6	8	4	7	1
4	9	7	2	1	5	6	8	3
5	7	8	6	4	3	2	1	9
3	2	9	7	8	1	5	6	4
6	1	4	5	2	9	8	3	7
7	4	6	3	9	2	1	5	8
1	3	2	8	5	4	7	9	6
9	8	5	1	7	6	3	4	2

127

4	3	9	8	6	5	1	2	7
2	8	5	1	9	7	6	4	3
1	7	6	4	2	3	5	9	8
7	9	1	5	4	2	3	8	6
5	2	4	6	3	8	7	1	9
3	6	8	7	1	9	4	5	2
9	4	2	3	5	6	8	7	1
6	5	7	2	8	1	9	3	4
8	1	3	9	7	4	2	6	5

128

9	2	8	7	6	5	3	1	4
5	4	1	8	3	2	9	6	7
6	7	3	1	9	4	5	8	2
2	1	4	5	7	8	6	3	9
3	6	5	2	4	9	1	7	8
8	9	7	6	1	3	2	4	5
4	8	2	3	5	6	7	9	1
1	5	6	9	8	7	4	2	3
7	3	9	4	2	1	8	5	6

129

3	5	2	9	8	6	4	7	1
1	8	4	7	2	5	6	9	3
6	9	7	3	1	4	5	8	2
4	1	8	5	9	2	7	3	6
9	7	6	1	3	8	2	4	5
5	2	3	6	4	7	8	1	9
2	6	1	8	7	9	3	5	4
7	3	5	4	6	1	9	2	8
8	4	9	2	5	3	1	6	7

130

6	3	5	8	4	1	2	9	7
4	9	8	5	2	7	3	6	1
2	1	7	9	3	6	5	8	4
9	2	4	7	5	3	8	1	6
5	7	6	2	1	8	4	3	9
3	8	1	6	9	4	7	2	5
8	4	2	1	7	9	6	5	3
1	5	3	4	6	2	9	7	8
7	6	9	3	8	5	1	4	2

131

4	3	8	9	2	7	6	1	5
9	1	7	4	5	6	8	2	3
6	5	2	8	3	1	4	9	7
3	8	6	1	7	9	2	5	4
1	7	5	2	6	4	9	3	8
2	4	9	5	8	3	1	7	6
5	9	3	6	1	8	7	4	2
7	6	1	3	4	2	5	8	9
8	2	4	7	9	5	3	6	1

132

1	4	7	3	6	8	2	5	9
2	9	8	4	5	1	7	3	6
3	5	6	2	9	7	1	4	8
7	3	5	1	8	9	6	2	4
8	2	1	6	3	4	5	9	7
4	6	9	7	2	5	3	8	1
5	1	4	8	7	3	9	6	2
9	7	2	5	4	6	8	1	3
6	8	3	9	1	2	4	7	5

133

6	4	8	5	3	2	9	7	1
5	1	7	4	6	9	8	2	3
2	3	9	7	8	1	5	6	4
8	2	4	3	7	5	6	1	9
9	5	3	2	1	6	7	4	8
7	6	1	8	9	4	2	3	5
4	7	5	1	2	8	3	9	6
3	8	6	9	4	7	1	5	2
1	9	2	6	5	3	4	8	7

134

2	8	3	7	6	4	5	9	1
4	7	5	1	3	9	2	6	8
1	6	9	5	2	8	4	3	7
5	4	7	6	8	3	9	1	2
6	9	1	2	7	5	3	8	4
3	2	8	9	4	1	7	5	6
9	1	6	4	5	2	8	7	3
7	3	4	8	9	6	1	2	5
8	5	2	3	1	7	6	4	9

135

5	6	7	4	2	8	3	1	9
3	8	4	7	9	1	2	6	5
2	1	9	6	3	5	4	8	7
4	7	8	1	6	3	5	9	2
6	9	3	8	5	2	7	4	1
1	5	2	9	7	4	8	3	6
9	2	5	3	4	6	1	7	8
7	4	1	2	8	9	6	5	3
8	3	6	5	1	7	9	2	4

136

8	7	6	4	3	2	9	5	1
5	3	1	8	9	6	4	7	2
2	9	4	1	7	5	6	8	3
4	8	7	9	6	1	3	2	5
9	2	3	5	4	8	7	1	6
1	6	5	7	2	3	8	4	9
3	4	8	2	5	9	1	6	7
6	1	2	3	8	7	5	9	4
7	5	9	6	1	4	2	3	8

137

5	4	1	3	2	8	9	7	6
2	6	3	7	4	9	8	1	5
8	7	9	5	6	1	3	4	2
6	8	4	1	5	7	2	3	9
9	3	5	2	8	4	1	6	7
7	1	2	9	3	6	5	8	4
1	9	8	6	7	2	4	5	3
3	2	6	4	1	5	7	9	8
4	5	7	8	9	3	6	2	1

138

7	3	2	4	8	9	1	5	6
6	9	4	1	2	5	8	3	7
1	8	5	6	3	7	2	4	9
9	5	8	7	4	1	3	6	2
4	1	6	3	9	2	5	7	8
3	2	7	5	6	8	4	9	1
8	6	3	9	1	4	7	2	5
5	4	1	2	7	6	9	8	3
2	7	9	8	5	3	6	1	4

139

6	3	7	9	8	4	1	5	2
9	5	8	1	3	2	4	7	6
2	1	4	5	7	6	3	9	8
5	7	6	3	9	1	8	2	4
1	8	9	4	2	5	7	6	3
3	4	2	7	6	8	9	1	5
8	6	1	2	4	7	5	3	9
7	2	3	8	5	9	6	4	1
4	9	5	6	1	3	2	8	7

140

4	7	6	3	9	5	2	8	1
9	1	5	8	7	2	4	3	6
3	8	2	1	4	6	7	9	5
7	4	8	6	1	9	3	5	2
5	6	9	2	8	3	1	7	4
2	3	1	4	5	7	9	6	8
6	9	3	5	2	4	8	1	7
8	5	4	7	3	1	6	2	9
1	2	7	9	6	8	5	4	3

141

6	9	2	8	5	4	3	7	1
5	8	1	7	9	3	6	4	2
3	7	4	1	2	6	9	5	8
1	2	5	6	4	9	8	3	7
9	4	6	3	7	8	1	2	5
8	3	7	2	1	5	4	6	9
7	6	3	9	8	2	5	1	4
2	5	9	4	3	1	7	8	6
4	1	8	5	6	7	2	9	3

142

9	8	3	5	6	7	4	2	1
2	6	4	9	1	3	5	8	7
7	1	5	2	8	4	3	9	6
8	4	2	1	7	9	6	5	3
5	7	9	3	2	6	1	4	8
1	3	6	8	4	5	9	7	2
3	9	8	6	5	2	7	1	4
6	2	7	4	9	1	8	3	5
4	5	1	7	3	8	2	6	9

143

6	2	5	4	8	1	3	7	9
4	1	3	7	9	5	2	8	6
7	9	8	3	2	6	4	1	5
8	5	2	9	1	4	6	3	7
3	6	1	2	5	7	8	9	4
9	4	7	8	6	3	5	2	1
5	7	6	1	3	8	9	4	2
1	3	9	6	4	2	7	5	8
2	8	4	5	7	9	1	6	3

144

9	5	2	6	8	3	4	1	7
1	7	6	9	5	4	8	3	2
4	3	8	2	1	7	5	9	6
8	2	7	3	6	5	1	4	9
3	1	4	7	2	9	6	8	5
5	6	9	8	4	1	7	2	3
7	8	1	5	3	2	9	6	4
6	9	3	4	7	8	2	5	1
2	4	5	1	9	6	3	7	8

145

6	2	8	3	4	5	9	7	1
5	4	1	9	7	2	3	8	6
3	9	7	6	1	8	2	5	4
4	7	6	1	3	9	5	2	8
1	5	2	7	8	4	6	3	9
9	8	3	2	5	6	1	4	7
2	3	4	8	6	1	7	9	5
7	6	5	4	9	3	8	1	2
8	1	9	5	2	7	4	6	3

146

6	7	1	8	4	5	9	2	3
2	5	4	9	6	3	8	7	1
3	8	9	2	7	1	4	6	5
7	1	5	4	9	8	6	3	2
4	6	3	5	1	2	7	8	9
9	2	8	6	3	7	5	1	4
5	3	7	1	8	4	2	9	6
8	9	2	3	5	6	1	4	7
1	4	6	7	2	9	3	5	8

147

7	1	9	5	3	6	4	8	2
3	4	2	8	9	7	6	5	1
8	6	5	2	1	4	3	9	7
4	9	8	7	6	5	2	1	3
6	7	3	1	8	2	9	4	5
5	2	1	9	4	3	7	6	8
1	5	7	4	2	9	8	3	6
9	8	6	3	7	1	5	2	4
2	3	4	6	5	8	1	7	9

148

9	1	8	5	2	3	6	4	7
3	7	5	6	1	4	9	8	2
2	4	6	8	7	9	3	1	5
1	5	4	7	8	6	2	3	9
8	2	7	3	9	5	1	6	4
6	9	3	1	4	2	7	5	8
5	8	2	9	3	1	4	7	6
7	3	9	4	6	8	5	2	1
4	6	1	2	5	7	8	9	3

149

1	6	2	8	7	9	5	3	4
7	4	5	1	2	3	8	9	6
3	8	9	6	5	4	2	7	1
9	7	4	2	8	6	1	5	3
5	2	3	9	1	7	4	6	8
8	1	6	4	3	5	7	2	9
4	9	1	7	6	2	3	8	5
2	5	8	3	9	1	6	4	7
6	3	7	5	4	8	9	1	2

150

4	8	5	1	7	6	3	2	9
1	3	2	9	4	8	6	5	7
6	7	9	2	5	3	4	1	8
7	9	4	3	6	5	1	8	2
3	5	8	7	1	2	9	4	6
2	1	6	4	8	9	7	3	5
8	6	3	5	9	1	2	7	4
9	2	7	8	3	4	5	6	1
5	4	1	6	2	7	8	9	3

151

3	9	2	1	8	7	6	4	5
4	1	7	2	5	6	9	8	3
5	6	8	9	3	4	1	2	7
7	4	9	3	1	8	5	6	2
1	8	5	6	7	2	4	3	9
6	2	3	4	9	5	8	7	1
9	7	1	8	4	3	2	5	6
2	3	4	5	6	9	7	1	8
8	5	6	7	2	1	3	9	4

152

6	4	7	9	2	5	1	8	3
2	8	5	3	7	1	9	6	4
9	1	3	8	4	6	5	2	7
3	6	9	5	1	2	4	7	8
8	5	1	4	3	7	6	9	2
4	7	2	6	8	9	3	5	1
5	2	8	1	6	3	7	4	9
7	3	6	2	9	4	8	1	5
1	9	4	7	5	8	2	3	6

153

5	4	3	7	2	6	9	8	1
2	1	7	9	3	8	4	6	5
8	9	6	1	4	5	2	7	3
7	8	2	3	6	4	1	5	9
9	6	4	8	5	1	3	2	7
3	5	1	2	7	9	8	4	6
4	7	8	5	9	3	6	1	2
6	2	9	4	1	7	5	3	8
1	3	5	6	8	2	7	9	4

154

8	1	4	9	7	3	2	6	5
7	3	9	2	5	6	4	8	1
5	2	6	8	1	4	3	7	9
4	8	2	5	6	1	7	9	3
1	9	3	4	2	7	8	5	6
6	5	7	3	8	9	1	4	2
3	4	5	1	9	8	6	2	7
9	7	1	6	4	2	5	3	8
2	6	8	7	3	5	9	1	4

155

2	7	5	6	1	4	3	8	9
1	8	6	7	3	9	5	4	2
9	3	4	5	2	8	7	1	6
7	4	9	8	6	3	1	2	5
3	5	1	2	4	7	9	6	8
8	6	2	9	5	1	4	3	7
5	1	8	4	7	2	6	9	3
6	2	3	1	9	5	8	7	4
4	9	7	3	8	6	2	5	1

156

4	7	9	5	2	8	1	6	3
8	3	6	1	7	4	5	2	9
1	5	2	6	3	9	8	7	4
5	6	1	8	9	7	3	4	2
7	8	4	3	5	2	9	1	6
2	9	3	4	1	6	7	5	8
3	2	7	9	6	5	4	8	1
9	4	5	2	8	1	6	3	7
6	1	8	7	4	3	2	9	5

157

8	5	1	3	7	4	2	6	9
6	4	9	5	2	8	1	3	7
2	7	3	9	1	6	4	5	8
3	8	2	7	6	5	9	4	1
5	6	7	4	9	1	8	2	3
9	1	4	2	8	3	5	7	6
1	9	5	6	4	7	3	8	2
7	3	8	1	5	2	6	9	4
4	2	6	8	3	9	7	1	5

158

3	6	9	2	5	1	7	8	4
4	1	2	8	7	6	5	3	9
7	5	8	9	3	4	2	1	6
8	7	4	3	1	9	6	5	2
6	9	5	7	8	2	1	4	3
1	2	3	4	6	5	9	7	8
9	8	1	6	4	7	3	2	5
2	3	7	5	9	8	4	6	1
5	4	6	1	2	3	8	9	7

159

3	9	5	2	6	4	8	1	7
4	8	7	3	9	1	5	2	6
2	6	1	5	7	8	9	4	3
6	4	2	7	3	9	1	5	8
9	1	3	8	5	6	2	7	4
5	7	8	1	4	2	6	3	9
7	3	6	9	2	5	4	8	1
1	2	4	6	8	7	3	9	5
8	5	9	4	1	3	7	6	2

160

8	5	4	7	2	3	9	6	1
6	3	1	4	5	9	8	7	2
2	7	9	6	1	8	5	3	4
5	4	6	3	9	1	7	2	8
7	2	3	8	6	4	1	9	5
9	1	8	2	7	5	6	4	3
4	6	7	1	8	2	3	5	9
1	9	2	5	3	6	4	8	7
3	8	5	9	4	7	2	1	6

161

5	2	7	6	4	1	3	8	9
6	3	4	8	7	9	2	5	1
8	9	1	2	3	5	6	4	7
2	4	5	1	8	6	7	9	3
7	8	6	3	9	4	5	1	2
9	1	3	7	5	2	8	6	4
3	5	2	4	1	8	9	7	6
1	7	9	5	6	3	4	2	8
4	6	8	9	2	7	1	3	5

162

7	5	6	4	9	1	3	2	8
8	4	2	7	6	3	5	9	1
1	3	9	5	2	8	6	4	7
6	1	8	2	3	9	4	7	5
9	7	3	8	5	4	1	6	2
4	2	5	6	1	7	8	3	9
2	9	1	3	4	5	7	8	6
3	6	7	1	8	2	9	5	4
5	8	4	9	7	6	2	1	3

163

6	3	5	2	4	9	7	8	1
2	4	8	7	1	6	5	3	9
7	9	1	8	3	5	6	2	4
3	2	9	6	7	1	4	5	8
4	1	6	9	5	8	3	7	2
8	5	7	3	2	4	1	9	6
5	6	2	1	8	3	9	4	7
9	8	3	4	6	7	2	1	5
1	7	4	5	9	2	8	6	3

164

1	2	5	7	8	6	9	4	3
7	4	3	5	1	9	2	8	6
6	9	8	3	4	2	5	1	7
5	3	1	2	6	7	4	9	8
4	8	9	1	3	5	6	7	2
2	6	7	4	9	8	1	3	5
9	5	6	8	7	4	3	2	1
3	7	4	6	2	1	8	5	9
8	1	2	9	5	3	7	6	4

165

2	8	6	3	4	1	9	7	5
9	7	1	5	8	6	3	4	2
3	4	5	9	2	7	6	8	1
4	5	8	2	7	9	1	6	3
1	3	7	6	5	8	4	2	9
6	2	9	1	3	4	7	5	8
7	9	4	8	1	5	2	3	6
8	6	3	4	9	2	5	1	7
5	1	2	7	6	3	8	9	4

166

4	2	7	1	9	6	8	3	5
8	5	6	2	7	3	9	1	4
9	1	3	8	4	5	2	7	6
5	3	2	7	8	1	6	4	9
6	4	8	3	2	9	1	5	7
7	9	1	5	6	4	3	8	2
3	8	4	6	5	2	7	9	1
2	7	5	9	1	8	4	6	3
1	6	9	4	3	7	5	2	8

167

4	1	3	6	7	5	8	9	2
9	5	8	1	2	4	7	6	3
6	7	2	8	3	9	5	1	4
1	9	7	4	8	3	6	2	5
8	2	4	7	5	6	1	3	9
3	6	5	9	1	2	4	8	7
5	8	9	3	6	7	2	4	1
7	4	1	2	9	8	3	5	6
2	3	6	5	4	1	9	7	8

168

5	8	1	9	7	2	6	3	4
9	3	6	5	8	4	7	2	1
7	2	4	3	1	6	5	8	9
2	6	7	8	3	1	4	9	5
3	4	9	6	2	5	8	1	7
1	5	8	4	9	7	2	6	3
4	9	5	2	6	3	1	7	8
6	1	3	7	5	8	9	4	2
8	7	2	1	4	9	3	5	6

169

6	3	5	7	1	9	4	2	8
7	8	1	6	2	4	3	5	9
4	9	2	8	5	3	1	7	6
1	7	8	2	3	5	9	6	4
3	2	6	9	4	8	5	1	7
9	5	4	1	6	7	8	3	2
8	1	9	5	7	6	2	4	3
5	4	7	3	8	2	6	9	1
2	6	3	4	9	1	7	8	5

170

3	4	5	8	2	7	9	1	6
6	2	1	9	3	4	7	5	8
7	9	8	6	1	5	4	3	2
8	5	4	3	7	9	2	6	1
9	1	3	5	6	2	8	7	4
2	7	6	1	4	8	5	9	3
1	8	2	7	9	3	6	4	5
5	3	9	4	8	6	1	2	7
4	6	7	2	5	1	3	8	9

171

9	1	6	5	4	2	3	7	8
5	2	3	6	8	7	4	1	9
8	4	7	1	9	3	5	6	2
7	3	4	9	6	5	8	2	1
1	9	5	4	2	8	6	3	7
6	8	2	7	3	1	9	5	4
3	7	8	2	5	9	1	4	6
2	6	9	3	1	4	7	8	5
4	5	1	8	7	6	2	9	3

172

1	3	9	6	4	7	8	5	2
8	7	5	3	9	2	1	6	4
6	2	4	8	1	5	3	7	9
2	5	6	7	8	3	9	4	1
7	4	8	9	5	1	2	3	6
3	9	1	2	6	4	7	8	5
5	8	2	1	7	6	4	9	3
9	6	3	4	2	8	5	1	7
4	1	7	5	3	9	6	2	8

173

3	5	9	2	6	8	1	4	7
4	7	1	3	9	5	8	2	6
8	2	6	7	4	1	9	5	3
5	4	3	8	1	7	6	9	2
1	6	2	5	3	9	7	8	4
9	8	7	4	2	6	3	1	5
2	1	4	6	8	3	5	7	9
6	9	5	1	7	4	2	3	8
7	3	8	9	5	2	4	6	1

174

2	3	4	8	9	7	6	1	5
9	7	1	5	2	6	3	8	4
6	8	5	4	3	1	2	9	7
1	6	7	3	8	5	9	4	2
8	4	3	2	1	9	7	5	6
5	2	9	6	7	4	8	3	1
4	5	8	7	6	3	1	2	9
3	9	6	1	4	2	5	7	8
7	1	2	9	5	8	4	6	3

175

5	4	8	2	6	1	3	7	9
6	2	9	4	3	7	5	1	8
1	7	3	9	5	8	6	4	2
4	3	6	1	2	5	9	8	7
8	9	7	3	4	6	2	5	1
2	5	1	7	8	9	4	3	6
7	1	5	6	9	3	8	2	4
3	6	4	8	7	2	1	9	5
9	8	2	5	1	4	7	6	3

176

9	5	2	1	4	3	8	7	6
4	8	6	5	9	7	1	3	2
7	1	3	8	2	6	5	9	4
1	2	4	6	3	5	7	8	9
5	7	8	9	1	4	6	2	3
6	3	9	7	8	2	4	1	5
2	9	1	4	5	8	3	6	7
3	4	7	2	6	1	9	5	8
8	6	5	3	7	9	2	4	1

177

5	8	7	4	3	6	2	9	1
6	1	3	9	2	5	8	7	4
2	4	9	7	1	8	3	6	5
1	2	6	8	4	3	7	5	9
9	5	4	2	7	1	6	8	3
3	7	8	5	6	9	1	4	2
4	3	5	6	8	2	9	1	7
8	9	1	3	5	7	4	2	6
7	6	2	1	9	4	5	3	8

178

8	9	4	1	7	5	2	3	6
7	2	3	6	9	4	5	1	8
5	6	1	8	2	3	7	4	9
3	7	9	2	6	8	4	5	1
4	8	6	3	5	1	9	2	7
1	5	2	9	4	7	8	6	3
6	4	5	7	1	9	3	8	2
9	1	8	4	3	2	6	7	5
2	3	7	5	8	6	1	9	4

179

5	9	3	8	2	1	6	4	7
8	7	2	6	4	5	9	3	1
4	1	6	9	7	3	2	8	5
6	2	7	1	3	9	4	5	8
3	4	8	2	5	7	1	6	9
1	5	9	4	6	8	3	7	2
2	8	5	3	1	4	7	9	6
7	6	4	5	9	2	8	1	3
9	3	1	7	8	6	5	2	4

180

2	8	3	7	4	6	5	9	1
6	5	7	1	3	9	8	4	2
1	4	9	2	5	8	3	6	7
3	9	2	5	8	4	7	1	6
8	6	1	3	7	2	4	5	9
5	7	4	6	9	1	2	3	8
7	2	5	9	6	3	1	8	4
4	3	6	8	1	7	9	2	5
9	1	8	4	2	5	6	7	3

181

2	3	4	7	1	6	5	8	9
7	6	5	9	4	8	3	2	1
8	1	9	3	5	2	4	6	7
1	9	6	4	2	7	8	5	3
4	2	3	5	8	9	1	7	6
5	8	7	1	6	3	2	9	4
3	5	2	6	7	1	9	4	8
6	4	1	8	9	5	7	3	2
9	7	8	2	3	4	6	1	5

182

3	8	7	1	2	4	9	6	5
6	5	9	8	7	3	1	4	2
1	4	2	9	6	5	8	3	7
5	6	8	4	3	1	2	7	9
4	7	1	5	9	2	6	8	3
2	9	3	6	8	7	4	5	1
7	3	6	2	1	8	5	9	4
9	2	4	7	5	6	3	1	8
8	1	5	3	4	9	7	2	6

183

8	7	4	2	3	5	1	9	6
2	6	1	9	7	4	5	3	8
5	3	9	8	6	1	4	7	2
6	4	8	7	1	2	3	5	9
1	5	3	6	8	9	7	2	4
9	2	7	5	4	3	8	6	1
7	8	5	4	9	6	2	1	3
4	1	6	3	2	7	9	8	5
3	9	2	1	5	8	6	4	7

184

3	7	8	5	4	9	6	2	1
1	4	9	6	8	2	3	5	7
6	2	5	3	7	1	8	4	9
5	3	7	4	9	6	1	8	2
9	1	2	8	5	3	7	6	4
8	6	4	1	2	7	5	9	3
4	9	6	7	3	8	2	1	5
7	5	1	2	6	4	9	3	8
2	8	3	9	1	5	4	7	6

185

5	1	9	2	8	7	3	4	6
2	8	4	3	9	6	7	5	1
6	3	7	4	5	1	2	8	9
3	9	6	5	7	8	1	2	4
1	4	5	6	2	9	8	7	3
8	7	2	1	3	4	6	9	5
4	2	8	9	6	3	5	1	7
7	6	1	8	4	5	9	3	2
9	5	3	7	1	2	4	6	8

186

5	3	6	9	4	7	8	1	2
8	7	2	3	5	1	6	4	9
4	9	1	8	2	6	7	3	5
7	6	8	5	1	3	2	9	4
2	1	5	4	7	9	3	6	8
9	4	3	2	6	8	1	5	7
6	2	7	1	9	5	4	8	3
1	8	9	7	3	4	5	2	6
3	5	4	6	8	2	9	7	1

187

7	6	5	1	3	2	4	8	9
1	8	3	9	5	4	2	7	6
2	4	9	8	7	6	5	1	3
3	1	4	6	9	7	8	5	2
6	7	8	2	1	5	9	3	4
9	5	2	4	8	3	1	6	7
4	9	1	3	6	8	7	2	5
5	2	6	7	4	1	3	9	8
8	3	7	5	2	9	6	4	1

188

7	5	2	9	6	4	1	3	8
3	1	9	8	5	2	6	4	7
4	8	6	1	3	7	9	2	5
2	6	7	5	1	3	4	8	9
5	9	4	2	8	6	7	1	3
8	3	1	4	7	9	5	6	2
1	2	5	6	9	8	3	7	4
9	7	8	3	4	1	2	5	6
6	4	3	7	2	5	8	9	1

189

8	9	6	7	1	4	3	5	2
3	7	1	5	6	2	4	8	9
5	4	2	9	8	3	1	7	6
1	6	5	2	4	9	8	3	7
2	3	4	8	7	6	5	9	1
9	8	7	3	5	1	6	2	4
4	2	8	1	3	7	9	6	5
6	5	9	4	2	8	7	1	3
7	1	3	6	9	5	2	4	8

190

9	8	6	5	1	4	3	2	7
1	2	3	9	8	7	4	5	6
5	7	4	3	6	2	8	1	9
4	3	1	2	9	8	6	7	5
8	6	5	7	4	1	2	9	3
7	9	2	6	5	3	1	4	8
6	5	8	1	2	9	7	3	4
2	4	7	8	3	5	9	6	1
3	1	9	4	7	6	5	8	2

191

6	3	7	5	4	1	2	9	8
5	8	1	6	9	2	4	3	7
9	2	4	8	7	3	1	6	5
2	4	5	9	1	6	8	7	3
1	6	9	3	8	7	5	2	4
8	7	3	4	2	5	9	1	6
7	9	6	1	5	8	3	4	2
3	1	8	2	6	4	7	5	9
4	5	2	7	3	9	6	8	1

192

2	4	6	5	1	7	8	9	3
8	7	9	2	6	3	5	1	4
5	1	3	9	4	8	6	2	7
7	8	4	1	3	9	2	6	5
6	9	5	4	7	2	3	8	1
3	2	1	6	8	5	7	4	9
9	5	8	3	2	4	1	7	6
1	3	2	7	9	6	4	5	8
4	6	7	8	5	1	9	3	2

193

3	2	7	9	8	6	1	5	4
6	8	4	7	5	1	3	9	2
5	9	1	3	4	2	8	6	7
8	1	2	6	9	3	4	7	5
7	4	3	5	2	8	6	1	9
9	5	6	1	7	4	2	3	8
4	3	5	8	1	9	7	2	6
2	6	9	4	3	7	5	8	1
1	7	8	2	6	5	9	4	3

194

9	5	8	3	1	2	6	4	7
4	7	1	9	5	6	8	2	3
3	2	6	7	8	4	5	1	9
1	6	7	2	3	9	4	8	5
5	4	2	8	7	1	9	3	6
8	3	9	6	4	5	1	7	2
6	9	4	1	2	7	3	5	8
7	8	5	4	6	3	2	9	1
2	1	3	5	9	8	7	6	4

195

7	3	8	4	6	1	5	2	9
2	6	1	5	8	9	3	4	7
5	4	9	3	7	2	1	8	6
1	9	2	8	5	7	4	6	3
8	7	4	6	9	3	2	1	5
6	5	3	2	1	4	9	7	8
3	8	7	1	2	5	6	9	4
9	1	5	7	4	6	8	3	2
4	2	6	9	3	8	7	5	1

196

5	3	6	2	7	9	4	1	8
9	1	2	4	8	6	5	7	3
8	4	7	5	3	1	6	2	9
3	9	5	6	1	7	2	8	4
4	7	1	8	9	2	3	6	5
2	6	8	3	5	4	1	9	7
1	2	9	7	4	3	8	5	6
7	5	3	1	6	8	9	4	2
6	8	4	9	2	5	7	3	1

197

6	2	9	5	4	8	3	7	1
7	5	8	6	1	3	2	9	4
4	3	1	7	2	9	8	6	5
1	9	5	3	8	7	6	4	2
2	7	3	1	6	4	9	5	8
8	6	4	2	9	5	1	3	7
3	4	2	8	5	6	7	1	9
9	1	7	4	3	2	5	8	6
5	8	6	9	7	1	4	2	3

198

8	4	5	6	7	2	9	3	1
7	9	1	8	3	4	2	5	6
2	6	3	1	5	9	7	8	4
5	2	6	7	1	3	8	4	9
9	1	8	4	2	5	3	6	7
4	3	7	9	6	8	5	1	2
6	8	2	3	9	1	4	7	5
3	7	9	5	4	6	1	2	8
1	5	4	2	8	7	6	9	3

199

4	5	8	9	7	6	1	2	3
6	1	9	3	5	2	4	7	8
7	2	3	8	1	4	9	5	6
8	6	1	4	2	5	7	3	9
3	4	2	7	9	8	6	1	5
9	7	5	1	6	3	8	4	2
5	9	6	2	4	7	3	8	1
2	3	4	6	8	1	5	9	7
1	8	7	5	3	9	2	6	4

200

5	9	8	4	7	3	6	1	2
2	1	3	9	8	6	5	7	4
6	4	7	5	1	2	3	8	9
3	2	5	6	4	1	8	9	7
4	7	6	8	9	5	1	2	3
1	8	9	3	2	7	4	5	6
7	6	2	1	3	8	9	4	5
9	5	1	2	6	4	7	3	8
8	3	4	7	5	9	2	6	1